Panidou-Kalampakas
SGB II und SGB XII für Ausländer

SGB II und SGB XII für Ausländer

Praxishandbuch

Rodopi Panidou-Kalampakas

1. Auflage

Luchterhand Verlag 2026

Bibliografische Informationen der Deutschen Nationalbibliothek

Die Deutsche Nationalbibliothek verzeichnet diese Publikation in der Deutschen Nationalbibliografie; detaillierte bibliografische Daten sind im Internet über http://dnb.d-nb.de abrufbar.

ISBN 978–3-472–09807-2

www.wolterskluwer.com

Umschlagkonzeption: Martina Busch, Grafikdesign, Homburg Kirrberg
Satz: NewGen Knowledge Works (P) Ltd., Chennai
Druck und Weiterverarbeitung: Wydawnictwo Diecezjalne i Drukarnia w Sandomierzu, Sandomierz, Polen

Gedruckt auf säurefreiem und alterungsbeständigem und chlorfreiem Papier.

Vorwort

Vor nunmehr 20 Jahren wurden die sozialen Sicherungssysteme in Deutschland reformiert. Die damalige Sozialhilfe und die Arbeitslosenhilfe für erwerbsfähige Menschen wurden zur Grundsicherung für Arbeitsuchende nach den SGB II mit den Leistungen »Arbeitslosengeld II« für erwerbsfähige Leistungsberechtigte und »Sozialgeld« für nicht erwerbsfähige Mitglieder der Bedarfsgemeinschaften zusammengelegt (heute beide einheitlich »Bürgergeld«). Gleichzeitig verblieben im Grundsatz nur noch die erwerbsunfähigen Menschen in der Sozialhilfe nach dem dritten Kapitel des SGB XII. Seither stehen diese beiden Sozialsicherungssysteme nebeneinander, schließen sich gegenseitig im Leistungsbezug aus, laufen aber auch an etlichen Stellen, insbesondere im Leistungsrecht durchaus vergleichbar ab.

Bei der Frage nach dem Leistungsanspruch von ausländischen Personen hat sich die Rechtslage in den beiden Rechtskreisen in den letzten zehn Jahren weiterentwickelt. Grund dafür war vor allem die Klärung einiger umstrittener Rechtsfragen durch den Europäischen Gerichtshof und das Bundessozialgericht, die für eine Neuformulierung der Ausschlusstatbestände sowohl im § 7 Abs. 2 Satz 2 SGB II als auch § 23 Abs. 3 SGB XII sorgten.

Mit dieser Neuformulierung sorgte der Gesetzgeber 2016 insbesondere dafür, dass ausländische Antragsteller unter den gleichen Voraussetzungen von Leistungen im SGB II als auch im SGB XII ausgeschlossen sind.

Schaut man sich die Entwicklung der Zahl der ausländischen Bevölkerung in den Jahren 2005 bis 2010 an, so lag diese relativ konstant bei sieben Millionen und einem Anteil von etwa 9 % an der Gesamtbevölkerung.

Mit den hohen Zuwanderungen der letzten 15 Jahre stieg die Zahl der Ausländer in Deutschland deutlich an und liegt inzwischen (Stand Ende 2024) bei einer Höhe von über 14 Millionen und einem Anteil von knapp 17 % an der Gesamtbevölkerung.

Diese hohe Anzahl an ausländischen Staatsbürgern führte zu einer entsprechend starken Erhöhung auch der Anzahl von ausländischen Antragstellern in den Sozialleistungsbehörden.

Waren es im Jahr 2010 noch 15 % der Empfänger von Leistungen der Grundsicherung im Alter und bei Erwerbsunfähigkeit (SGB XII), die eine ausländische Staatsangehörigkeit besaßen, sind es heute schon über 24 %.

Auch die Zahl der Ausländer im Bürgergeld ist in den vergangenen Jahren deutlich, auf zuletzt 2,7 Millionen Menschen, gestiegen. Damit haben rund 48 % der Bürgergeldempfänger keinen deutschen Pass. Im Jahr 2010 waren es noch 19,6 %.

Berücksichtigt man nun die Tatsache, dass ausländische Antragsteller im SGB II und SGB XII nicht genauso behandelt werden wie deutsche Antragsteller, machen die oben genannten Zahlen sehr deutlich, wie wichtig es ist, sich mit den besonderen

Regelungen, die bei der Antragsprüfung berücksichtigt werden müssen, vertraut zu machen.

Dies ist Ziel dieses kleinen Werkes für Praktiker und natürlich auch für Praktikerinnen[1].

Hannover, im Oktober 2025 Rodopi Panidou-Kalampakas

1 Der besseren Lesbarkeit wegen wird in diesem Buch in der Regel das generische Maskulinum verwendet.

Über die Autorin

Rodopi Panidou-Kalampakas, M.L.E. und Volljuristin, ist seit 2008 im Bereich der Grundsicherung für Arbeitsuchende beschäftigt. Sie leitet derzeit den Bereich Steuerung der Grundsicherung in der Region Hannover. Sie ist zudem als Dozentin für Sozialrecht für den Rechtskreis SGB II und SGB XII tätig und hier insbesondere Expertin für die Frage von Leistungsansprüchen von Ausländern.

Inhaltsverzeichnis

Abkürzungsverzeichnis

Abb.	Abbildung
Abs.	Absatz, Absätze
AEUV	Vertrag über die Arbeitsweise der Europäischen Union
ALG	Arbeitslosengeld
Art.	Artikel
AsylG	Asylgesetz
AsylbLG	Asylbewerberleistungsgesetz
AufenthG	Gesetz über den Aufenthalt, die Erwerbstätigkeit und die Integration von Ausländern im Bundesgebiet (Aufenthaltsgesetz)
AufhR	Aufenthaltsrecht
AVV FreizügG/EU	Allgemeine Verwaltungsvorschrift zum Freizügigkeitsgesetz/EU
AZR	Ausländerzentralregister
BA	Bundesagentur für Arbeit
BAG	Bundesarbeitsgericht
BAMF	Bundesamt für Migration und Flüchtlinge
BG	Bedarfsgemeinschaft
BGB	Bürgerliches Gesetzbuch
BSG	Bundessozialgericht
Buchst.	Buchstabe, Buchstaben
BVerfG	Bundesverfassungsgericht
bzw.	beziehungsweise
d.h.	das heißt
EFA	Europäisches Fürsorgeabkommen
ER	Eilrechtsschutzverfahren
EU	Europäische Union
EuGH	Europäischer Gerichtshof
EWR-Staat	Europäischer Wirtschaftsraum-Staat
FreizügG/EU	Gesetz über die allgemeine Freizügigkeit von Unionsbürgern (Freizügigkeitsgesetz/EU)
gem.	gemäß
GFK-Flüchtling	Genfer Flüchtlingskonvention-Flüchtling

GG	Grundgesetz
ggf.	gegebenenfalls
i.S.	im Sinne
i.V.m.	in Verbindung mit
JVA	Justizvollzugsanstalt
LSG	Landessozialgericht
MINT	Mathematik, Informatik, Naturwissenschaften und Technik
Nr.	Nummer, Nummern
o.g.	oben genannter
Rdn.	Randnummer
Rn.	Randnummer
SGB I	Sozialgesetzbuch Erstes Buch – Allgemeiner Teil
SGB II	Sozialgesetzbuch Zweites Buch – Bürgergeld, Grundsicherung für Arbeitsuchende
SGB III	Sozialgesetzbuch Drittes Buch – Arbeitsförderung
SGB IX	Sozialgesetzbuch Neuntes Buch – Rehabilitation und Teilhabe von Menschen mit Behinderungen
SGB X	Sozialgesetzbuch Zehntes Buch – Sozialverwaltungsverfahren und Sozialdatenschutz
SGB XII	Sozialgesetzbuch (SGB XII) Zwölftes Buch – Sozialhilfe
sog.	sogenannter, sogenannte, sogenanntes
u.a.	unter anderem
UnionsRL	Unionsbürgerrichtlinie
v.a.	vor allem
vgl.	vergleiche
VO	Verordnung
z.B.	zum Beispiel

Abbildungsverzeichnis

Die Frage, wann ausländische Mitbürger einen Sozialleistungsanspruch nach dem SGB II oder SGB XII geltend machen können, hängt im Wesentlichen und insbesondere davon ab, wie lange sie in Deutschland sind und über welches Aufenthaltsrecht sie verfügen. Insbesondere die Ausschlusstatbestände für Ausländer im SGB II und SGB XII orientieren sich hieran.

Für die Bestimmung der Dauer des Aufenthaltes stellt man auf den Zeitpunkt der (erstmaligen) Einreise ab. So ist gemäß § 7 Abs. 1 Satz 2 SGB II und § 23 Abs. 3 SGB XII in den ersten drei Monaten nach seiner Einreise ein Ausländer grundsätzlich ausgeschlossen von Leistungen, es sei denn in dieser Zeit wird oder wurde gearbeitet.

Nach Ablauf der ersten drei Monate verhält es sich dann im Grundsatz andersherum. Der Gesetzgeber regelt, dass alle Ausländer, die ein Aufenthaltsrecht haben, also rechtmäßig hier sind, einen Leistungsanspruch haben. Ausgeschlossen sind in dieser Zeit nur noch die Ausländer, die kein Aufenthaltsrecht haben oder lediglich ein Aufenthaltsrecht ausschließlich zur Arbeitsuche oder Ausbildungssuche besitzen.

Hat der Ausländer seinen gewöhnlichen Aufenthalt länger als fünf Jahre in Deutschland, so darf man davon ausgehen, dass ein Leistungsanspruch besteht. Nach fünf Jahren könnte der Ausländer im besten Fall bereits über ein Daueraufenthaltsrecht verfügen. Dies ist das stärkste aller Aufenthaltsrechte eines Ausländers und führt stets und völlig unproblematisch in einen Leistungsanspruch nach dem SGB II und SGB XII. Mindestens aber würde der § 7 Abs. 1 Satz 4 SGB II bzw. § 23 Abs. 3 Satz 7 SGB XII greifen, welcher regelt, dass Ausländer, die länger als fünf Jahre in Deutschland leben, ihren gewöhnlichen Aufenthalt hier eingenommen haben und dies auch nachweisen können, zunächst einen Anspruch auf SGB II bzw. SGB XII Leistungen haben. Dieser Anspruch erwächst aus einer rein sozialrechtlichen Vorschrift und besteht auch, wenn ein Aufenthaltsrecht/Freizügigkeit gerade nicht besteht.

Das sind regelhaft Fälle von Unionsbürgern, die keine materielle Freizügigkeit haben, dennoch hier sind und aufgrund des langen Zeitraumes, den sie hier nachweislich leben, die Voraussetzungen für Leistungen nach dieser Vorschrift erfüllen. Bei einer Bewilligung nach dieser besonderen Vorschrift ist direkt nach der Bewilligung die Ausländerbehörde zu informieren. Diese prüft die Freizügigkeit und wenn per Verwaltungsakt festgestellt wird, dass keine Freizügigkeit besteht, so kann im Jobcenter oder dem Sozialamt die Leistung (für die Zukunft) eingestellt werden.

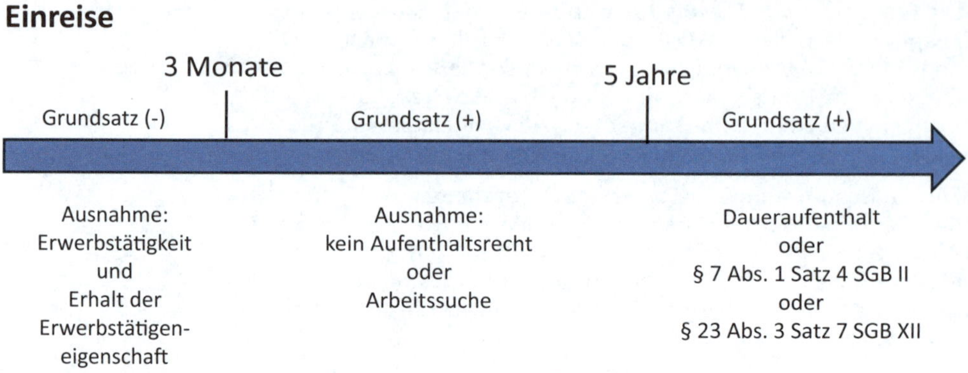

Abb. 1: Zeitstrahl Anspruch und Ausschluss im SGB II und SGB XII

I. Ausländer – Definition

Wer Ausländer ist, wird im Grundgesetz definiert. Ausländer ist jeder, der nicht Deutscher im Sinne des Art. 116 Abs. 1 GG ist (§ 2 Abs. 1 AufenthG), also insbesondere nicht die deutsche Staatsangehörigkeit besitzt. Wer die deutsche Staatsangehörigkeit und eine weitere Staatsangehörigkeit besitzt, ist kein Ausländer. Staatenlose hingegen sind mangels deutscher Staatsangehörigkeit Ausländer.

Spätaussiedler im Sinne des § 4 des Gesetzes über die Angelegenheiten der Vertriebenen und Flüchtlinge (BVFG) sind Deutsche im Sinne des Art. 116 Abs. 1 GG.

Im Folgenden werden zunächst die verschiedenen Ausländergruppen voneinander unterschieden und die Aufenthaltsrechte bzw. Freizügigkeitsrechte thematisiert. Diese sind sowohl für die Frage nach dem Bezug von Bürgergeld als auch von Sozialhilfe gleichsam relevant.

Ausländer werden zur besseren Abgrenzung in drei Gruppen eingeteilt:

- Unionsbürger und ihnen Gleichgestellte,
- sog. »Drittstaatler« und
- Asylbewerber.

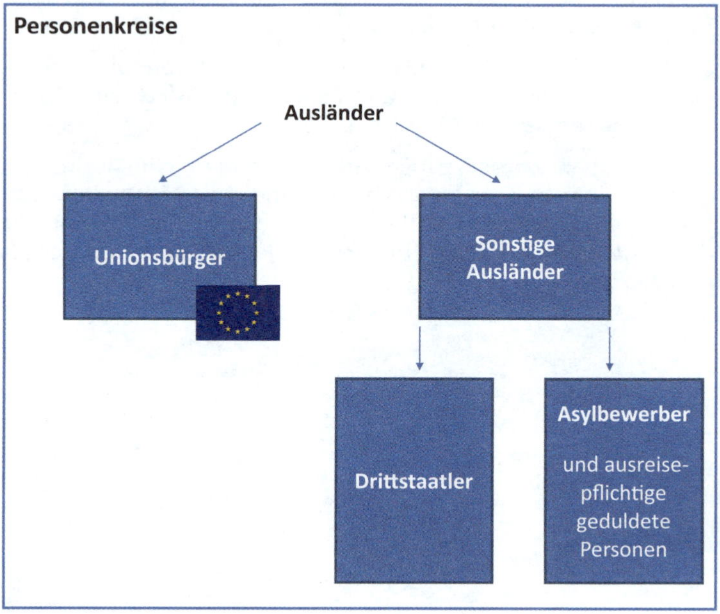

Abb. 2: Ausländergruppen

Für die Einreise und den Aufenthalt jeder dieser Gruppen von Ausländern existieren spezielle Regelungen:

- Für die Drittstaatler ist Grundlage das an die Stelle des früheren Ausländergesetzes getretene AufenthG;
- für Unionsbürger und Gleichgestellte gilt in erster Linie das FreizügG/EU,
- für Asylbewerber das AsylG und das AsylbLG.

Rechtsgrundlagen

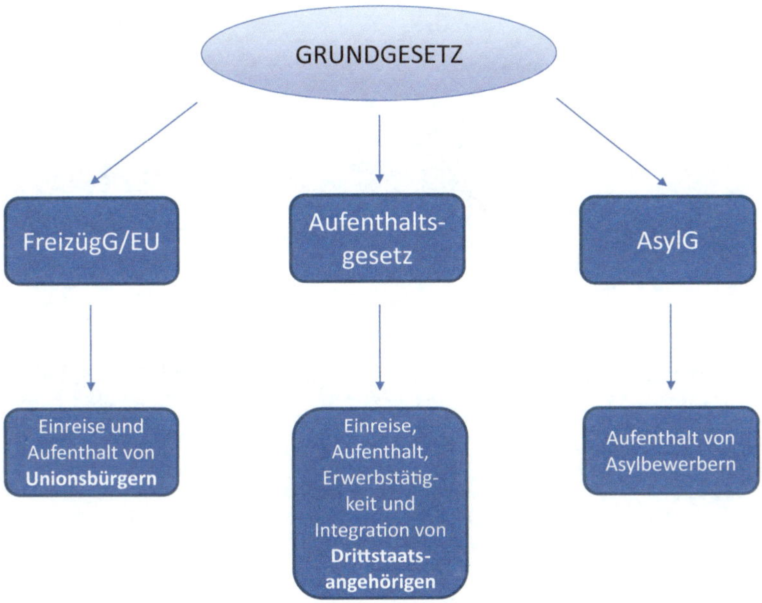

Abb. 3: Rechtsgrundlagen

Darüber hinaus sind die sich aus der Fiktionsbescheinigung ergebenden verfahrensrechtlichen Wirkungen zu beachten.

Besonderheiten gelten für Staatsangehörige von Mitgliedstaaten des Europäischen Fürsorgeabkommens (EFA), die sich zum Teil mit den zuvor genannten Gruppen überschneiden.

II. Asylbewerber

Asylbewerber und die ihnen gleichgestellten Ausländer sind alle gemäß § 1 AsylbLG leistungsberechtigt und demgemäß nach § 7 Abs. 1 Satz 2 Nr. 3 SGB II von Leistungen der Grundsicherung für Arbeitsuchende und gemäß § 23 Abs. 2 SGB XII von Leistungen nach dem SGB XII grundsätzlich ausgeschlossen. Die Gruppe der Asylbewerber wird deshalb im Folgenden vor allem zu Abgrenzungszwecken behandelt.

Asylbewerber sind ausgeschlossen von Leistungen nach dem SGB II und SGB XII, weil sie leistungsberechtigt nach § 1 AsylbLG sind.

Leistungsberechtigt nach § 1 AsylbLG sind Ausländer, die sich tatsächlich im Bundesgebiet aufhalten und die

1. eine Aufenthaltsgestattung nach dem AsylG besitzen,

1a. ein Asylgesuch geäußert haben und nicht die in den Nr. 1, 2 bis 5 und 7 genannten Voraussetzungen erfüllen,

2. über einen Flughafen einreisen wollen und denen die Einreise nicht oder noch nicht gestattet ist,

3. eine Aufenthaltserlaubnis besitzen
   a) wegen des Krieges in ihrem Heimatland nach § 23 Abs. 1 des AufenthG,
   b) nach § 25 Abs. 4 Satz 1 AufenthG oder
   c) nach § 25 Abs. 5 AufenthG, sofern die Entscheidung über die Aussetzung ihrer Abschiebung noch nicht 18 Monate zurückliegt,

4. eine Duldung nach § 60a AufenthG besitzen,

5. vollziehbar ausreisepflichtig sind, auch wenn eine Abschiebungsandrohung noch nicht oder nicht mehr vollziehbar ist,

6. Ehegatten, Lebenspartner oder minderjährige Kinder der in den Nr. 1 bis 5 genannten Personen sind, ohne dass sie selbst die dort genannten Voraussetzungen erfüllen,

7. einen Folgeantrag nach § 71 AsylG oder einen Zweitantrag nach § 71a AsylG stellen oder

8. a) eine Aufenthaltserlaubnis nach § 24 Abs. 1 AufenthG besitzen, die ihnen nach dem 24.02.2022 und vor dem 01.06.2022 erteilt wurde, oder
   b) eine entsprechende Fiktionsbescheinigung nach § 81 Abs. 5 in Verbindung mit Abs. 3 oder Abs. 4 AufenthG besitzen, die nach dem 24.02.2022 und vor dem 01.06.2022 ausgestellt wurde, und bei denen weder eine erkennungsdienstliche Behandlung nach § 49 AufenthG oder

Insbesondere der Begriff der Aufenthaltsgestattung und die Duldung kommen in den Grundsicherungssystemen des SGB II und SGB XII nicht vor. Jobcenter und Sozialämter sind nicht zuständig.

Humanitäre Aufenthaltsgründe (§§ 22–26 AufenthG) führen regelhaft in die Grundsicherungssysteme des SGB II und SGB XII. In § 1 AsylbLG finden sich die drei kleinen Ausnahmen zur Regel.

Nr. 8 Buchst. a) und b) wurde wegen des Rechtskreiswechsels der ukrainischen Geflüchteten in den § 1 AsylbIG mit aufgenommen.

nach § 16 AsylG durchgeführt worden ist, noch deren Daten nach § 3 Abs. 1 des AZR-Gesetzes gespeichert wurden; das Erfordernis einer erkennungsdienstlichen Behandlung gilt nicht, soweit eine erkennungsdienstliche Behandlung nach § 49 AufenthG nicht vorgesehen ist.

Hervorzuheben ist, dass unter den Begriff »Asylbewerber« auch zahlreiche andere Ausländer fallen, wie der vorstehenden Aufstellung zu entnehmen ist.

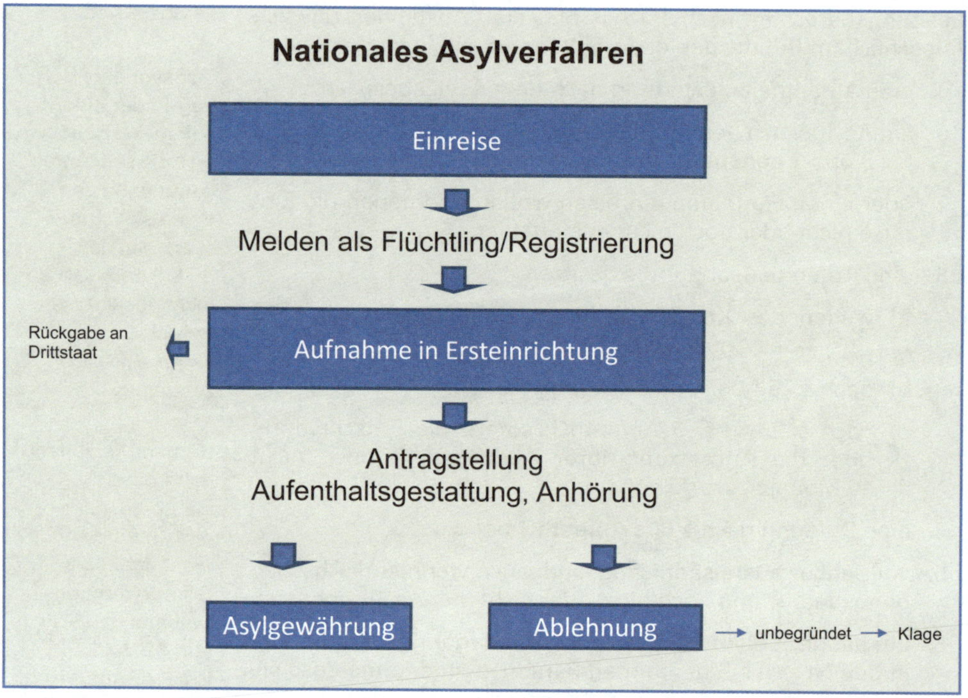

Abb. 4: Nationales Asylverfahren

Analogleistungen bedeutet nicht, dass die Asylbewerber nach 36 Monaten SGB II- oder SGB XII-Leistungen bekommen. Es ist lediglich so,

Die Tatsache, dass Asylbewerber nach einer Aufenthaltszeit in Deutschland von 36 Monaten ohne wesentliche Unterbrechung nach § 2 AsylbLG Anspruch auf sog. Analogleistungen nach dem SGB XII und SGB IX haben, ist nicht gleichzusetzen mit einem originären Leistungsanspruch nach diesen Rechtskreisen. Es ist lediglich so, dass die Höhe der zur Verfügung gestellten Leistungen nach dem AsylbLG an die Höhe der SGB II/SGB XII-Leistungen angepasst werden. Diese fallen höher aus als die Leistungen nach dem AsylbLG.

Asylbewerber und die ihnen gleichgestellten Ausländer sind alle gemäß § 1 AsylbLG leistungsberechtigt und demgemäß nach § 7 Abs. 1 Satz 2 Nr. 2 SGB II und § 23 Abs. 2 SGB XII von Leistungen nach dem SGB II und der Sozialhilfe grundsätzlich ausgeschlossen. Insbesondere die große Gruppe der sich im Asylverfahren befindlichen Asylbewerber, die eine Aufenthaltsgestattung haben, und Asylbewerber, deren Antrag abgelehnt wurde und für die lediglich aufgrund bestehender Abschiebungshindernisse die Vollziehbarkeit der anstehenden Abschiebung nach erfolgloser Aufforderung zur Ausreise ausgesetzt wird (Duldung), haben grundsätzlich keinen Anspruch auf Grundsicherung für Arbeitsuchende oder Sozialhilfe.

dass die Höhe der Asylbewerberleistungen nach dem AsylbLG auf die Höhe steigen, die auch im SGB II und SGB XII gilt.

1. Familienangehörige von asylberechtigten Personen

Minderjährige, ledige Kinder erhalten den gleichen Schutzstatus wie ihre Eltern.

Der Schutzstatus eines minderjährigen, ledigen Kindes hängt vom Schutzstatus der Eltern ab (§ 26 Abs. 2 und 5 AsylG). Das Kind erhält den gleichen Schutzstatus wie die Eltern. Wenn die Eltern beispielsweise subsidiär schutzberechtigt sind und das Kind einen Asylantrag stellt, wird es ebenfalls als subsidiär schutzberechtigt anerkannt, wenn die Entscheidung über den Schutzstatus der Eltern unanfechtbar ist. Das Kind erhält eine eigene Entscheidung, die nach der Anerkennung der Eltern erfolgt. Bis zur eigenen Anerkennung als asylberechtigt oder bis zur Zuerkennung von Flüchtlingsstatus oder subsidiärem Schutz bleibt das Kind nach dem AsylbLG leistungsberechtigt, nicht nach dem SGB II (§ 1 Abs. 3 Satz 1 AsylbLG).

Der Ausschluss von Leistungen nach § 7 Abs. 1 Satz 2 Nr. 3 SGB II gilt auch für nicht erwerbsfähige Angehörige von erwerbsfähigen Leistungsberechtigten, die in einer Bedarfsgemeinschaft leben (BSG, Urt. v. 21.12.2009 – B 14 AS 66/08 R).

Dies gilt auch für Ehegatten und Lebenspartner von asylberechtigten Personen, wenn sie selbst die Voraussetzungen für einen Leistungsbezug nach dem SGB II oder SGB XII nicht erfüllen (§ 1 Abs. 1 Nr. 6 AsylbLG).

Bei minderjährigen Kindern, die eine Aufenthaltserlaubnis nach § 25 Abs. 5 AufenthG haben und mit ihren Eltern in einem Haushalt leben, entfällt der Anspruch, wenn die Leistungsberechtigung eines Elternteils entfällt.

Kinder, die in Deutschland geboren werden und deren Eltern eine

Kinder, die in Deutschland geboren werden und deren Eltern zum Zeitpunkt der Geburt als asylberechtigt, GFK-Flüchtlinge oder subsidiär Schutzberechtigte anerkannt sind, erhalten eine Aufenthaltserlaubnis nach § 33 Satz 2 AufenthG oder nach § 25 Abs. 1 oder 2 AufenthG. Diese Kinder sind dann nicht nach § 1

Aufenthaltserlaubnis als Asylberechtigte, GFK-Flüchtlinge oder subsidiär Schutzberechtigte haben, erhalten eine Aufenthaltserlaubnis als Familienangehörige nach § 33 Satz 2 AufenthG oder nach § 25 Abs. 1 oder 2 AufenthG. Sie sind direkt leistungsberechtigt nach SGB II.

Abs. 1 AsylbLG leistungsberechtigt, sondern nach dem SGB II. Sie können bereits ab der Geburt Leistungen nach dem SGB II erhalten, da sie Anspruch auf einen Aufenthaltstitel haben. Auch wenn die Aufenthaltserlaubnis für die Eltern möglicherweise mit Verzögerung erteilt wird, genügt als Nachweis für die Existenz und Identität des Neugeborenen die Geburtsurkunde des in Deutschland geborenen Kindes.

Dies gilt auch für andere Fälle, in denen beide Elternteile oder der allein sorgeberechtigte Elternteil bei der Geburt des Kindes in Deutschland einen Aufenthaltstitel nach Kapitel 2 Abschnitt 5 des AufenthG besitzen. Zu diesen Aufenthaltstiteln gehören:

- § 25 Abs. 3 AufenthG: Aufenthaltstitel aufgrund eines Abschiebungsverbots (§ 60 Abs. 5 oder 7 AufenthG).
- § 25 Abs. 4 Satz 2 AufenthG: Aufenthaltstitel, wenn das Verlassen des Bundesgebiets eine außergewöhnliche Härte darstellen würde. Hier ist der Familiennachzug ausgeschlossen, aber das neugeborene Kind ist bereits ab Geburt in Deutschland.
- § 25 Abs. 4a AufenthG: Aufenthaltstitel für Opfer von Menschenhandel.
- § 25 Abs. 4b AufenthG: Aufenthaltstitel für Opfer von Verstößen gegen inländische Arbeitsbedingungen.

Bei Eltern mit einem Aufenthaltstitel nach § 25 Abs. 5 AufenthG gelten andere Regelungen. Diese Eltern und die Ausländerbehörden sind verpflichtet, die Geburt dem BAMF zu melden (§ 14a Abs. 2 AsylG). Mit der Meldung gilt ein Asylantrag für das Kind als gestellt. Das Kind wird so behandelt, als hätte es einen eigenen Asylantrag gestellt. In diesem Fall ist das Kind leistungsberechtigt nach dem AsylbLG und nicht nach dem SGB II.

Zusammenfassung:

Asylbewerber und die ihnen gleichgestellten Ausländer sind alle leistungsberechtigt gemäß § 1 AsylbLG und deshalb nach § 7 Abs. 1 Satz 2 Nr. 3 SGB II von Leistungen der Grundsicherung für Arbeitsuchende und gemäß § 23 Abs. 2 SGB XII von Leistungen nach dem SGB XII grundsätzlich ausgeschlossen.

III. Drittstaatler

Unter »Drittstaatler« werden alle Ausländer verstanden, für die nicht die Sonderregelungen für Asylbewerber im weiteren Sinne oder für Unionsbürger und ihnen Gleichgestellte gelten. Für Drittstaatler gilt das AufenthG.

Drittstaatler benötigen einen Aufenthaltstitel, um sich rechtmäßig in der Bundesrepublik aufzuhalten.

Damit ein Drittstaatler sich rechtmäßig in der Bundesrepublik aufhält, benötigt er einen Aufenthaltstitel. Es gibt fünf verschiedene Aufenthaltstitel:

- das längerfristige Visum (§ 6 Abs. 3 AufenthG),
- die Aufenthaltserlaubnis (§ 7 AufenthG),
- die Niederlassungserlaubnis (§ 9 AufenthG),
- die Erlaubnis zum Daueraufenthalt-EU (§ 9a AufenthG) und
- die blaue Karte EU (§ 18b Abs. 2 AufenthG).

Man unterscheidet zwischen längerfristigem Visum (§ 6 Abs. 3 AufenthG), Aufenthaltserlaubnis (§ 7 AufenthG), Niederlassungserlaubnis (§ 9 AufenthG), Erlaubnis zum Daueraufenthalt-EU (§ 9a AufenthG) und blauer Karte EU (§ 18b Abs. 2 AufenthG).

Diese verschiedenen Aufenthaltstitel gilt es zu unterscheiden.

1. Visum (§ 6 AufenthG)

Während mit einem Visum nach § 6 Abs. 1 AufenthG nur kurzfristige Aufenthalte vorübergehender Art von maximal drei Monaten zu Urlaubs- oder Besucherzwecken ermöglicht werden, können über ein Visum nach § 6 Abs. 3 AufenthG längerfristige Aufenthalte initiiert werden. Dies ist beispielsweise in den Fällen einer Familienzusammenführung der Fall. Hier benötigt der Zuziehende als aufenthaltsberechtigter Familienangehöriger das Visum, um einzureisen. Da sein Aufenthaltsrecht aber bereits vor der Einreise geprüft wurde und vorliegt, ermöglicht das langfristige Visum nach § 6 Abs. 3 AufenthG bereits einen rechtmäßigen längerfristigen Aufenthalt, der im Regelfall zu einer Aufenthaltserlaubnis nach § 7 AufenthG führt. Ein langfristiges Visum kann auch zur Arbeitsaufnahme oder wegen eines Studiums ausgestellt werden.

Ein langfristiges Visum ist ein Aufenthaltstitel.

2. Aufenthaltserlaubnis (§ 7 AufenthG)

Die Aufenthaltserlaubnis nach § 7 AufenthG ist der Regelfall einer Aufenthaltsgenehmigung und erlaubt den Aufenthalt für einen bestimmten Zweck und für eine bestimmte Zeit.

Die Aufenthaltserlaubnis ist immer befristet.

In der Aufenthaltserlaubnis ist immer der einschlägige Paragraf des AufenthG zu finden, der den vorliegenden Aufenthaltsgrund definiert. Jeder Aufenthaltstitel muss erkennen lassen, ob eine Erwerbstätigkeit erlaubt ist. Die wird durch den Satz

Ist die Erwerbstätigkeit in Deutschland grundsätzlich gestattet, ist dies ein sicherer Hinweis darauf, dass das Aufenthaltsrecht mit einem Anspruch auf SGB II- und SGB XII-Leistungen verbunden ist.

»Erwerbstätigkeit gestattet« oder »Erwerbstätigkeit mit Zustimmung gestattet« erkennbar. Sollte als Nebenbestimmung der Zusatz »Erwerbstätigkeit nicht gestattet« auf dem Aufenthaltstitel zu finden sein, so ist das ein sicheres Zeichen dafür, dass der Aufenthaltstitel nicht in die gängigen Sozialleistungssysteme führt. Ist die Erwerbstätigkeit in Deutschland grundsätzlich nicht gestattet, so ist § 8 Abs. 2 SGB II nicht erfüllt, wonach ein Ausländer nur dann als erwerbsfähig im rechtlichen Sinne gilt, wenn er über einen Aufenthaltstitel verfügt, mit welchem grundsätzlich in Deutschland gearbeitet werden darf.

Aufenthaltserlaubnis wird erteilt zur Ausbildungsaufnahme, Arbeitsuche, Arbeitsaufnahme, aus völkerrechtlichen, humanitären oder politischen Gründe, aus familiären Gründen oder für Ausländer, die in einem anderen Mitgliedstaat der Europäischen Union ein langfristiges Aufenthaltsrecht besitzen.

Für die Erteilung einer Aufenthaltserlaubnis bedarf es eines rechtlich relevanten Grundes. Dies können sein:

- Ausbildungsaufnahme (§§ 16–17 AufenthG),
- Arbeitsaufnahme (§§ 18–21 AufenthG),
- völkerrechtliche, humanitäre oder politische Gründe (§§ 22–26 AufenthG),
- familiäre Gründe (§§ 27–36 AufenthG),
- Aufenthaltserlaubnis für Ausländer, die in einem anderen Mitgliedstaat der Europäischen Union ein langfristiges Aufenthaltsrecht besitzen (§ 38a AufenthG),
- Arbeitsuche (§§ 20, 20a AufenthG).

Mit dem Fachkräfteeinwanderungsgesetz, das am 01.03.2020 in Kraft trat, wurde der Zuzug von zukünftigen Fachkräften im AufenthG neu geregelt. Die Aufenthaltstitel für Fachkräfte, die aus dem Gesetz zur Umsetzung der Hochqualifiziertenrichtlinie der EU hervorgehen, wurden an die ab dem 01.03.2020 gültige Fassung des AufenthG angepasst. Das Fachkräfteeinwanderungsgesetz erweitert insbesondere den Rahmen für den Aufenthalt und die Erwerbstätigkeit qualifizierter Fachkräfte. Dazu gehören auch die Regelungen zur Blauen Karte EU, die bisher in § 18b Abs. 2 AufenthG enthalten waren und nun in § 18g AufenthG geregelt werden. Die meisten Regelungen traten am 01.03.2024 in Kraft, mit Ausnahme der Regelungen zur Blauen Karte EU (Inkrafttreten am 18.11.2023) und der Chancenkarte nach § 20a AufenthG (gültig ab 01.06.2024).

Drittstaatler mit Aufenthaltstitel zur Arbeitsplatzsuche haben keinen Anspruch auf Leistungen nach dem SGB II und SGB XII.

Änderungen gibt es lediglich bei den Titeln zur Ausbildungs- und Studienplatzsuche (§ 17 AufenthG), zur Arbeitsplatzsuche (§ 20 AufenthG) sowie bei der neuen Chancenkarte (§ 20a AufenthG). Personen, die mit einem Aufenthaltstitel zur Arbeitsplatzsuche einreisen, haben während dieser Zeit nach § 7 Abs. 1 Satz 2 Nr. 2 Buchst. b) SGB II und § 23 Abs. 3 Nr. 2 SGB XII keinen Anspruch auf Bürgergeldleistungen oder Sozialhilfe.

Dies betrifft auch Drittstaatsangehörige, denen eine Aufenthaltserlaubnis nach § 17 AufenthG zum Zweck der Suche nach einem Ausbildungs- oder Studienplatz erteilt wurde. Mit der Weiterentwicklung des Fachkräfteeinwanderungsgesetzes wird diesen Personen die Möglichkeit eröffnet, eine Probebeschäftigung von bis zu zwei Wochen sowie eine Nebentätigkeit von bis zu 20 Wochenstunden auszuüben. Unabhängig davon unterliegen sie jedoch weiterhin dem Leistungsausschluss, da ihr Aufenthaltsrecht ausschließlich aus dem Zweck der Ausbildungs- oder Studienplatzsuche resultiert.

Dies gilt auch für eine Aufenthaltserlaubnis nach § 17 AufenthG zum Zweck der Suche nach einem Ausbildungs- oder Studienplatz.

a) Aufenthaltserlaubnis nach § 17 AufenthG

Inhaberinnen und Inhaber eines Titels nach § 17 AufenthG, die eine Aufenthaltserlaubnis aufgrund der Aufnahme einer Ausbildung oder eines Studiums erhalten, müssen die Regelungen in § 7 Abs. 5 und 6 sowie § 27 SGB II beachten. Für die Erteilung entsprechender Aufenthaltstitel nach dem AufenthG ist der gesicherte Lebensunterhalt der ausländischen Person und ggf. ihrer Familienangehörigen eine grundlegende Voraussetzung. Daher werden Anträge auf Leistungen nach dem SGB II oder SGB XII von Inhaberinnen und Inhabern solcher Aufenthaltstitel in der Regel nicht gestellt. Wenn dennoch Anträge auf Leistungen gestellt werden, ist die Datenübermittlungspflicht nach § 87 Abs. 2 Satz 3 AufenthG zu beachten. Diese Regelung ermöglicht es den Ausländerbehörden, über die Aufrechterhaltung des Aufenthaltstitels zu entscheiden.

**Für die Erteilung einer Aufenthaltserlaubnis nach § 17 AufenthG ist der gesicherte Lebensunterhalt eine grundlegende Voraussetzung.
In der Regel deshalb keine Anträge auf Leistungen nach dem SGB II oder SGB XII.**

b) Aufenthaltstitel zur Beschäftigung (§§ 18 ff. AufenthG) und Leistungsansprüche

Die Aufenthaltstitel zur Beschäftigung richten sich an ausländische Personen, die ihren Lebensunterhalt durch Erwerbstätigkeit aufgrund ihrer vorhandenen Qualifikationen bestreiten können, ohne öffentliche Leistungen in Anspruch zu nehmen. Von einer Hilfebedürftigkeit ist in diesen Fällen nicht auszugehen.

Beantragen Personen mit einem entsprechenden Aufenthaltstitel dennoch Leistungen nach dem SGB II (oder SGB XII), ist die Ausländerbehörde im Rahmen der geltenden Mitteilungspflicht gemäß § 87 Abs. 2 Satz 3 AufenthG zu informieren. Wenn die Ausländerbehörde aufgrund der Mitteilung die Geltungsdauer des Aufenthaltstitels nach § 7 Abs. 2 Satz 2 AufenthG verkürzt oder gemäß § 52 Abs. 2a, 3, 4 oder 4a AufenthG widerruft und dieser erlischt (vgl. § 51 Abs. 1 Nr. 4 AufenthG), greift möglicherweise der Leistungsausschluss für Ausländerinnen und Ausländer ohne Aufenthaltsrecht nach § 7 Abs. 1 Satz 2 Nr. 2

**Bei einem Aufenthaltstitel zur Beschäftigung (§§ 18 ff. AufenthG) wird davon ausgegangen, dass der Lebensunterhalt durch Erwerbstätigkeit aufgrund ihrer vorhandenen Qualifikationen bestritten wird, ohne dass ergänzende Leistungen in Anspruch genommen werden.
Von einer Hilfebedürftigkeit ist in diesen Fällen nicht auszugehen.**

Geduldete Menschen, die seit mindestens fünf Jahren in der Bundesrepublik leben und grundsätzlich nicht straffällig geworden sind, erhalten durch das Chancen-Aufenthaltsrecht 18 Monate Zeit, um die Voraussetzungen für einen langfristigen Aufenthalt zu erfüllen. Dazu gehören u.a. Deutschkenntnisse und die Sicherung des eigenen Lebensunterhalts.

Der Aufenthaltstitel nach § 104c AufenthG kann nicht über die 18 Monate hinaus verlängert werden. Werden die Voraussetzungen für das Bleiberecht nach 18 Monaten nicht erfüllt, fallen die Betroffenen wieder in den Status der Duldung zurück und werden somit wieder leistungsberechtigt nach dem AsylbLG.

Inhaber einer Chancenkarte nach § 20a AufenthG sind ausgeschlossen von Leistungen nach dem SGB II und SGB XII.

Buchst. a) SGB II. Solange die Ausländerbehörde den Aufenthaltstitel nicht nachträglich befristet oder widerrufen hat, haben die Betroffenen Zugang zum Grundsicherungssystem.

c) Chancen-Aufenthaltsrecht

Wer zum Stichtag 31.10.2022 geduldet ist, seit mindestens fünf Jahren im Land lebt und grundsätzlich nicht straffällig geworden ist, erhält 18 Monate Zeit, um die Voraussetzungen für einen langfristigen Aufenthalt zu erfüllen. Dazu gehören unter anderem Deutschkenntnisse und die Sicherung des eigenen Lebensunterhalts. Die Ausländerbehörde erteilt hierfür einen befristeten Aufenthaltstitel nach § 104c AufenthG, der zu einem entsprechend befristeten SGB-II-Anspruch auf Bürgergeld führt. Neben den üblichen Zugangsvoraussetzungen des SGB II ist von den Jobcentern das Vorliegen des Titels nach § 104c AufenthG zu prüfen.

Für den Rechtskreiswechsel im Folgemonat genügt bereits ein einfaches Schreiben der Ausländerbehörde, das bestätigt, dass der Titel (das Aufenthaltsrecht nach § 104c AufenthG) erteilt wurde, sofern die Identität der antragstellenden Person sichergestellt werden kann (z.B. durch Duldung und das Schreiben). Die wesentlichen Elemente des Titels (Name, Bezeichnung des Titels, Beginn und Ende des Titels) müssen in diesem Schreiben enthalten sein. Die Aushändigung des elektronischen Aufenthaltstitels ist in diesem Fall nicht mehr erforderlich. Die Sicherung des eigenen Lebensunterhalts ist jedoch keine Voraussetzung für die Erteilung des Aufenthaltstitels; die dreimonatige Ausschlussfrist gilt in diesen Fällen ebenfalls nicht.

Der Aufenthaltstitel nach § 104c AufenthG kann nicht über die 18 Monate hinaus verlängert werden. Personen, die nach der 18-monatigen Aufenthaltsdauer des § 104c AufenthG die Voraussetzungen für ein Bleiberecht nach §§ 25a oder 25b AufenthG nicht erfüllen, fallen wieder in den Status der Duldung zurück und werden somit wieder leistungsberechtigt nach dem Asylbewerberleistungsgesetz. Leistungsberechtigte nach dem Asylbewerberleistungsgesetz sind vom Leistungsausschluss nach § 7 Abs. 1 Satz 2 Nr. 3 SGB II umfasst.

d) Leistungsausschluss bei Chancen-Aufenthaltsrecht und Ausbildung

Inhaber einer Chancenkarte nach § 20a AufenthG sind von der Leistungsberechtigung nach dem SGB II und SGB XII ausgeschlossen. Die Chancenkarte erlaubt die Suche nach einer Erwerbstätigkeit oder nach Maßnahmen zur Anerkennung ausländischer Berufsqualifikationen für bis zu 12 Monate.

e) Gültigkeit einer Aufenthaltserlaubnis und Konsequenzen

Im Regelfall ist eine Aufenthaltserlaubnis für einen Zeitraum von zwei bis drei Jahren gültig. Eine Aufenthaltserlaubnis, die einen Gültigkeitszeitraum von weniger als 18 Monaten hat, lässt regelmäßig auf einen nur vorübergehenden Aufenthalt schließen oder ist zumindest ein starker Hinweis hierauf. In diesen Fällen ist Kontakt zur Ausländerbehörde zur Abklärung ratsam, denn ein vorübergehendes Aufenthaltsrecht kann niemals einen gewöhnlichen Aufenthalt (§ 30 SGB I) herstellen. Wer seinen gewöhnlichen Aufenthalt nicht in Deutschland hat, kann auch keine Leistungen nach dem SGB II und SGB XII in Anspruch nehmen.

Eine Aufenthaltserlaubnis ist im Regelfall für einen Zeitraum von zwei bis drei Jahren gültig. Bei Gültigkeit von weniger als 18 Monaten: vorübergehenden Aufenthalt prüfen!

3. Niederlassungserlaubnis

Um eine Niederlassungserlaubnis zu erlangen, welche den unbefristeten Aufenthalt eines Drittstaatlers darstellt, muss dieser die Voraussetzungen nach § 9 Abs. 2 AufenthG erfüllen. Im Regelfall bedeutet dies einen rechtmäßigen Vor-Aufenthalt von fünf Jahren und die kumulative Erfüllung weiterer Voraussetzungen:

Die Niederlassungserlaubnis ist das Daueraufenthaltsrecht des Drittstaatlers.

- Der Drittstaatler muss seinen Lebensunterhalt selbst sichern,
- mindestens 60 Monate Pflichtbeiträge oder freiwillige Beiträge zur gesetzlichen Rentenversicherung geleistet oder
- Aufwendungen für einen Anspruch auf vergleichbare Leistungen einer Versicherungs- oder Versorgungseinrichtung gezahlt haben.
- Es dürfen keine Gründe der öffentlichen Sicherheit oder Ordnung unter Berücksichtigung der Schwere oder der Art des Verstoßes gegen die öffentliche Sicherheit oder Ordnung oder der vom Ausländer ausgehenden Gefahr unter Berücksichtigung der Dauer des bisherigen Aufenthalts und dem Bestehen von Bindungen im Bundesgebiet entgegenstehen.
- Ihm muss die Beschäftigung erlaubt sein, sofern er Arbeitnehmer ist.
- Er muss im Besitz der sonstigen für eine dauernde Ausübung seiner Erwerbstätigkeit erforderlichen Erlaubnisse sein.
- Er hat über ausreichende Kenntnisse der deutschen Sprache und
- über Grundkenntnisse der Rechts- und Gesellschaftsordnung und der Lebensverhältnisse im Bundesgebiet zu verfügen.

Die Voraussetzungen, die zur Erlangung der Niederlassungserlaubnis erfüllt sein müssen, sind kumulativ zu erfüllen.

- Er muss ausreichenden Wohnraum für sich und seine mit ihm in häuslicher Gemeinschaft lebenden Familienangehörigen haben.

Fachkräfte können schon früher eine Niederlassungserlaubnis bekommen (§ 18c Abs. 1 AufenthG).

Für Fachkräfte wurden in § 18c AufenthG Regelungen geschaffen, die eine schnellere Erteilung einer späteren Niederlassungserlaubnis bei bestimmten Aufenthaltstiteln ermöglichen. Die Voraussetzungen für einen Anspruch auf Erteilung einer Niederlassungserlaubnis gemäß § 18c Abs. 1 AufenthG sind unter anderem:

- Besitz einer Aufenthaltserlaubnis seit mindestens drei Jahren,
- ein der Qualifikation angemessener Arbeitsplatz,
- mindestens 36 Monate Pflichtbeiträge oder freiwillige Beiträge zur gesetzlichen Rentenversicherung,
- ausreichende Kenntnisse der deutschen Sprache.

Die Dreijahresfrist nach § 18c Abs. 1 Satz 1 Nr. 1 AufenthG verkürzt sich auf zwei Jahre und die 36-Monatsfrist nach Nr. 3 verkürzt sich auf 24 Monate, wenn die Fachkraft eine inländische Berufsausbildung oder ein inländisches Studium erfolgreich abgeschlossen hat. Für Inhaber einer Blauen Karte EU kann eine Niederlassungserlaubnis abweichend hiervon bereits nach 27 Monaten oder 21 Monaten erteilt werden, wenn die Person und die von ihr ausgeübte Beschäftigung die Kriterien des § 18c Abs. 2 AufenthG erfüllen.

Mit der Erlaubnis zum Daueraufenthalt-EU kann ein Drittstaatler sich in den meisten anderen EU-Staaten niederlassen, wohnen und arbeiten.

4. Erlaubnis zum Daueraufenthalt-EU (§ 9a AufenthG)

Der Niederlassungserlaubnis sehr ähnlich ist die Erlaubnis zum Daueraufenthalt-EU. Auch dieses Papier kann man nach einer Frist von fünf Jahren des Besitzes einer Aufenthaltserlaubnis erhalten. Der wichtigste Unterschied besteht darin, dass man sich als Drittstaatler mit einer deutschen Erlaubnis zum Daueraufenthalt-EU auch in den meisten anderen EU-Staaten dauerhaft niederlassen und dort wohnen und arbeiten kann. Allerdings kann der andere EU-Staat für die ersten zwölf Monate eine Arbeitsmarktprüfung vorsehen, wovon z.B. Deutschland bei Ausländern, die ein Daueraufenthaltsrecht aus einem anderen Staat der EU besitzen, Gebrauch macht (§ 38a AufenthG).

Kommt ein Drittstaatler aus einem anderen EU-Staat nach Deutschland und verfügt über ein langfristiges Aufenthaltsrecht dieses Staates, bekommt der Drittstaatler in Deutschland ein Aufenthaltsrecht gem. § 38a AufenthG.

Kommt also ein Drittstaatler nach Deutschland und besitzt ein langfristiges Aufenthaltsrecht eines anderen EU-Staates, so erhält der Drittstaatler ein Aufenthaltsrecht ganz eigener Art hier in Deutschland. Es handelt sich um eine Aufenthaltserlaubnis für Ausländer, die in einem anderen Mitgliedstaat der EU ein langfristiges Aufenthaltsrecht besitzen. Ein Aufenthaltsrecht nach § 38a AufenthG führt regelmäßig zu einem Leistungsanspruch nach dem SGB II und SGB XII.

5. Blaue Karte EU (§ 18b Abs. 2 AufenthG)

Dieser Aufenthaltstitel ist speziell für Hochqualifizierte geschaffen worden, die in Deutschland bereits eine ihrer Qualifikation entsprechende Arbeitsstelle gefunden haben.

Eine blaue Karte bekommt, wer über einen in- oder ausländischen Hochschulabschluss verfügt und eine diesem Abschluss entsprechende Arbeitsstelle hat.

Um eine Blaue Karte EU erhalten zu können, muss

- ein in- oder ausländischer Hochschulabschluss vorliegen und
- eine diesem Abschluss entsprechende Stelle vorliegen,
- mit einem Mindest-Bruttogehalt für das Jahr 2025 in Höhe von **48.300 €**.

In diesem Fall erfolgt die Erteilung der Blauen Karte ohne Beteiligung der Agentur für Arbeit.

Hier gilt im Jahr 2025 ein Mindest-Bruttogehalt in Höhe von 48.300 €.

Bei Beschäftigungen in Mangelberufen kann die Blaue Karte EU auch mit einem geringeren Bruttojahresgehalt in Höhe von mindestens 43.759,80 € (im Jahr 2025) ausgestellt werden, wenn die Bundesagentur für Arbeit (BA) der Beschäftigung zugestimmt hat. Folgende Berufsgruppen gelten in Deutschland als Mangelberufe:

Bei Beschäftigungen in Mangelberufen können Sie die Blaue Karte EU auch mit einem geringeren Bruttojahresgehalt ausstellen.

- Führungskräfte in der Produktion bei der Herstellung von Waren, im Bergbau und im Bau sowie in der Logistik;
- Führungskräfte in der Erbringung von Dienstleistungen im Bereich Informations- und Kommunikationstechnologie;
- Führungskräfte in der Erbringung von speziellen Dienstleistungen, wie z.B. in der Kinderbetreuung, im Gesundheits- oder Bildungswesen;
- akademische Fachkräfte im MINT-Bereich;
- akademische Fachkräfte in der Architektur, Raum- und Verkehrsplanung;
- Ärztinnen und Ärzte;
- Tierärztinnen und Tierärzte;
- Zahnärztinnen und Zahnärzte;
- Apothekerinnen und Apotheker;
- akademische und vergleichbare Krankenpflege- und Geburtshilfefachkräfte;
- Lehr- und Erziehungskräfte im schulischen und außerschulischen Bereich.

Inhaberinnen und Inhaber einer Blauen Karte EU haben aufgrund ihrer Arbeitnehmereigenschaft Zugang zu Leistungen nach dem SGB II. Im Regelfall sind sie aber aufgrund der vorausgesetzten Einkommensverhältnisse nicht hilfebedürftig.

Die Beträge werden in der Regel gegen Ende des Vorjahres vom Bundesministerium des Innern und für Heimat (BMI) festgelegt und bekannt gegeben.

Das Mindestgehalt für die Blaue Karte EU orientiert sich an der jährlichen Beitragsbemessungsgrenze der allgemeinen Rentenversicherung und wird jährlich angepasst. Auf der offiziellen Website der Bundesregierung »Make it in Germany« (www.make-it-in-germany.com/de/) werden die angepassten Zahlen veröffentlicht, sobald sie feststehen.

6. Fiktionsbescheinigungen

Mit einer Fiktionsbescheinigung weisen Ausländer in Deutschland das Bestehen eines vorläufigen Aufenthaltsrechts nach, das mit dem bei der Ausländerbehörde gestellten Antrag auf Erteilung oder Verlängerung einer Aufenthaltserlaubnis häufig entsteht.

Die Fiktionsbescheinigung ist kein Aufenthaltstitel, sondern eine rein verfahrensrechtliche Regelung für eine Übergangszeit. Mit einer Fiktionsbescheinigung weisen Ausländer in Deutschland das Bestehen eines vorläufigen Aufenthaltsrechts nach, das mit dem bei der Ausländerbehörde gestellten Antrag auf Erteilung oder Verlängerung einer Aufenthaltserlaubnis häufig entsteht. Die Fiktionsbescheinigung wird regelmäßig für den Zeitraum erteilt, in dem die Ausländerbehörde den gestellten Antrag auf eine Aufenthaltserlaubnis prüft. In dieser Phase ist der Aufenthalt nach Ablauf der bisherigen Aufenthaltserlaubnis oder des bisher erlaubnisfreien Aufenthalts weiterhin rechtmäßig; das Aufenthaltsrecht ist von nun an aber nur noch ein vorläufiges und damit kein gesichertes mehr.

a) Fiktiv erlaubter Aufenthalt (§ 81 Abs. 3 Satz 1 AufenthG)

Erlaubnisfiktion (§ 81 Abs. 3 Satz 1 AufenthG): Ein Drittstaatler, der rechtmäßig im Land ist und erstmalig einen Antrag auf einen Aufenthaltstitel stellt.

Die Erlaubnisfiktion liegt bei jemandem vor,

- der im Status des rechtmäßigen Aufenthalts in Deutschland die Erteilung eines Aufenthaltstitels beantragt,
- ohne jedoch zu dieser Zeit bereits Inhaber eines förmlichen Aufenthaltstitels (Aufenthaltserlaubnis, Visum) zu sein.

Von dieser Regelung begünstigt sind die Staatsangehörigen einiger Länder, die sowohl für Kurz- als auch für Daueraufenthalte vom Erfordernis der Einholung eines Visums befreit sind. Sie können sich bis zu 90 Tage visumfrei in Deutschland aufhalten und in dieser Zeit in Deutschland ggf. eine Aufenthaltserlaubnis für einen längeren Aufenthalt beantragen (ohne Visum können beispielsweise einreisen die Staatsangehörigen Australiens, Israels, Japans, Kanadas, der Republik Korea, Neuseelands, des Vereinigten Königreichs Großbritannien, Nordirlands und der USA). Auch anerkannte Flüchtlinge erhalten nach der Anerkennung durch das BAMF bis zur Ausstellung des Aufenthaltstitels regelmäßig eine Fiktionsbescheinigung gem. § 81 Abs. 3 Satz 1 AufenthG.

Man kann die Erlaubnisfiktion aber auch als vorläufiges Aufenthaltsrecht betrachten, mit dem man vorläufig rechtmäßig in Deutschland aufhält und auch vorläufig Sozialleistungen beanspruchen kann.

Die Erlaubnisfiktion ist ein vorläufiges Aufenthaltsrecht, mit dem man Sozialleistungen beantragen kann.

Die Agentur für Arbeit vertritt die Auffassung, dass eine Erlaubnisfiktion ein nur vorübergehendes Aufenthaltsrecht ist und deshalb keinen Sozialleistungsanspruch zulässt. Es fehle am gewöhnlichen Aufenthalt des Ausländers.

b) Fiktiv fortbestehender Aufenthaltstitel (§ 81 Abs. 4 AufenthG)

Eine Fortgeltungsfiktion erhalten Inhaber eines befristeten Aufenthaltstitels (in der Regel einer Aufenthaltserlaubnis). Wird ein Antrag auf Verlängerung des bestehenden Aufenthaltstitels oder auf Erteilung eines anderen Aufenthaltstitels vor dessen Ablauf gestellt, gilt der bisherige Aufenthaltstitel einstweilen als fortbestehend. Der weitere Aufenthalt ist dann mit denselben Maßgaben wie denen des erloschenen Aufenthaltstitels rechtmäßig.

Fortgeltungsfiktion (§ 81 Abs. 4 AufenthG): Wird vor Ablauf des gültigen Aufenthaltstitels eine Verlängerung beantragt, gilt der bisherige Aufenthaltstitel bis zur Erteilung eines neuen Titels fort.

c) Fiktive Aussetzung der Abschiebung (§ 81 Abs. 3 Satz 1 AufenthG)

Eine »Duldungsfiktion« erhält derselbe Personenkreis wie derjenige, der eine Fiktionsbescheinigung nach § 81 Abs. 4 erhält, wenn er den Antrag erst nach Ablauf des höchstzulässigen rechtmäßigen Aufenthalts stellt.

Duldungsfiktion (§ 81 Abs. 3 Satz 1 AufenthG): Wird erst nach Ablauf des zuvor gültigen Aufenthaltstitels die Verlängerung beantragt, ist der Aufenthalt in dieser Phase nicht mehr rechtmäßig. Deshalb wird lediglich eine fiktive Duldung ausgesprochen.

Die Wirkungen der Duldungsfiktion bestimmen sich analog § 60a Abs. 2 AufenthG: Der Aufenthalt ist in dieser Phase nicht mehr rechtmäßig – und wird es auch nach Antragstellung nicht –, sondern lediglich geduldet, was bedeutet, dass der Betroffene nicht abgeschoben werden kann. Dieser Status unterliegt denselben Restriktionen wie die förmliche Duldung nach § 60a Abs. 2 AufenthG:

- kein rechtmäßiger Aufenthalt, sondern grundsätzliche Ausreisepflicht (§ 60a Abs. 3 AufenthG),
- Erlöschen der Fiktion mit der Ausreise aus dem Bundesgebiet (§ 60a Abs. 5 Satz 1 AufenthG),
- Beschränkung des Aufenthalts auf das jeweilige Bundesland (§ 61 Abs. 1 Satz 1 AufenthG).

7. Sondergruppen

In der Gruppe der Drittstaatler gibt es Personengruppen, die besonders zu betrachten sind.

a) Geflüchtete aus der Ukraine

Geflüchtete aus der Ukraine erhalten eine Aufenthaltserlaubnis nach § 24 AufenthG oder eine Fiktionsbescheinigung nach § 81 Abs. 3 oder Abs. 4 i.V.m. Abs. 5 AufenthG.

- Ukrainische Staatsangehörige, die vor dem 24.02.2022 ihren Aufenthalt in der Ukraine hatten;
- Staatenlose und Staatsangehörige anderer Drittländer als der Ukraine, die vor dem 24.02.2022 in der Ukraine internationalen Schutz oder einen gleichwertigen nationalen Schutz genossen haben;
- Familienangehörige der unter den ersten beiden Punkten genannten Personen, d.h. Ehegatten, unverheiratete Lebenspartner, minderjährige ledige Kinder und enge Verwandte (unter weiteren Voraussetzungen), auch wenn sie nicht ukrainische Staatsangehörige sind,

bekommen eine Aufenthaltserlaubnis nach § 24 AufenthG oder eine Fiktionsbescheinigung nach § 81 Abs. 3 oder Abs. 4 i.V.m. Abs. 5 AufenthG.

Zum 01.06.2022 hat der Gesetzgeber den rechtlichen Rahmen dafür geschaffen, dass die ukrainischen Geflüchteten aus dem AsylbLG in die Grundsicherungssysteme des SGB II und SGB XII wechseln konnten.

Dieses Aufenthaltsrecht führte bis zum 31.05.2022 in einen Leistungsbezug nach dem Asylbewerberleistungsgesetz. Mit der Verkündung des Gesetzes zur Regelung eines Sofortzuschlages und einer Einmalzahlung in den sozialen Mindestsicherungssystemen sowie zur Änderung des Finanzausgleichsgesetzes und weiterer Gesetze am 27.05.2022 hat der Gesetzgeber die Voraussetzungen dafür geschaffen, dass die ukrainischen Geflüchteten Grundsicherung für Arbeitsuchende nach dem SGB II oder Sozialhilfe nach dem SGB XII beziehen können. Zwischen dem 01.06. und dem 31.08.2022 fand hierzu bundesweit ein sogenannter Rechtskreiswechsel statt.

Voraussetzung für einen Rechtskreiswechsel war die Speicherung der Daten im Ausländerzentralregister (§ 3 AZR-Gesetz) oder eine erkennungsdienstliche (ED)-Behandlung, wenn die Aufenthaltserlaubnis oder die entsprechende Fiktionsbescheinigung vor dem 01.06.2022 ausgestellt wurden. Hierzu gab es eine Übergangsfrist bis zum 31.10.2022 (§ 74 Abs. 3 SGB II). Für die Erteilung des o.g. Aufenthaltstitels nach dem 01.06.2022 ist die erkennungsdienstliche Behandlung Voraussetzung für die Ausstellung der genannten Dokumente. Sollte eine Aufenthaltserlaubnis nach § 24 AufenthG oder eine entsprechende Fiktionsbescheinigung erteilt worden sein, aber keine ED-Behandlung und kein AZR-Eintrag erfolgt sein, besteht weiterhin nur ein Leistungsanspruch nach dem AsylbLG (§ 1 Abs. 1 Nr. 8 AsylbLG). Wird diese ED-Behandlung dann nachgeholt, besteht der Leistungsanspruch nach dem AsylbLG bis zum Ende des Monats, in dem diese ED-Behandlung erfolgt ist und dann eine Fiktionsbescheinigung erteilt wurde. Ab dem folgenden Monat besteht dann Leistungsberechtigung nach dem SGB II. Die

Rechtsgrundlage für Ansprüche von Ausländerinnen und Ausländern mit einer derartigen Fiktionsbescheinigung findet sich in § 74 SGB II und § 146 SGB XII.

Für Unionsbürger, also Staatsangehörige von EU- oder gleichgestellten Staaten, die in der Ukraine ihren Wohnsitz hatten und geflohen sind, gelten die allgemeinen und sie besserstellenden Regeln für Unionsbürger. Aufenthaltstitel für Geflüchtete aus der Ukraine, die ursprünglichen zum 01.02.2024 oder später abgelaufen wären, sind mittlerweile das dritte Mal über den Weg einer Rechtsverordnung verlängert worden. Zuletzt wurde mit Verordnung vom 10.10.2025 die Verlängerung auf den 04.03.2027 angeordnet.

Für Unionsbürger, die in der Ukraine waren und geflohen sind, gelten im Zweifel die besserstellenden Regeln für Unionsbürger. Aufenthaltstitel für Geflüchtete aus der Ukraine, die ursprünglichen zum 01.02.2024 oder später abgelaufen wären, sind bereits dreimal über den Weg einer Rechtsverordnung, zuletzt bis zum 04.03.2027, verlängert worden.

Das Gleiche gilt für neu ausgestellte Aufenthaltstitel nach § 24 AufenthG. Ausgenommen von der Verlängerung sind Geflüchtete aus der Ukraine ohne ukrainische Staatsangehörigkeit, es sei denn sie oder ihre Familienangehörigen haben dort vor Ausbruch des Krieges mit unbefristetem Aufenthalt oder einer Schutzanerkennung gelebt. Für diese Drittstaatsangehörigen gelten die allgemeinen Regelungen des Asyl- und Aufenthaltsrechts.

Die neue Bundesregierung plant nun diese Sonderregelung zu beenden. Geflüchtete aus der Ukraine, die nach dem 01.04.2025 einreisen, sollen künftig wieder wie Asylbewerber behandelt werden – inklusive Vermögensprüfung zur Feststellung der Bedürftigkeit.

b) Humanitäre Aufenthaltsgründe

Ausländer die sich aus völkerrechtlichen, humanitären oder politischen Gründen in Deutschland aufhalten (Kapitel 2 Abschnitt 5 des AufenthG) sind **nicht** vom Leistungsausschluss für die ersten drei Monate des Aufenthalts nach § 7 Abs. 1 Satz 2 Nr. 1 SGB II und § 23 Abs. 3 Satz 1 Nr. 2 SGB XII betroffen.

Ausländer die sich aus völkerrechtlichen, humanitären oder politischen Gründen in Deutschland aufhalten (Kapitel 2 Abschnitt 5 des AufenthG) sind nicht von Leistungen für die ersten drei Monate ihres Aufenthaltes ausgeschlossen.

Folgende Aufenthaltstitel sind von dieser Regelung umfasst:

- § 22 AufenthG (Aufnahme aus dem Ausland);
- § 23 AufenthG (Aufenthaltsgewährung durch die obersten Landesbehörden; Aufnahme bei besonders gelagerten politischen Interessen; Neuansiedlung von Schutzsuchenden);
- § 23a AufenthG (Aufenthaltsgewährung in Härtefällen);
- § 24 Abs. 1 AufenthG (Aufenthaltsgewährung zum vorübergehenden Schutz);
- § 25 AufenthG (Aufenthalt aus humanitären Gründen, hier: Abs. 1, Abs. 2, 1. und 2. Alt., Abs. 3; Abs. 4 Satz 2 und ab 01.03.2015 Abs. 4a, 4b und mit Einschränkungen Abs. 5);

- § 25a AufenthG (Aufenthaltsgewährung bei gut integrierten Jugendlichen und Heranwachsenden);
- § 25b AufenthG (Aufenthaltsgewährung bei nachhaltiger Integration);
- § 104a AufenthG (Altfallregelungen).

Liegt eine Aufenthaltserlaubnis nach § 23 Abs. 1 AufenthG vor, ist bei der Ausländerbehörde zu erfragen, ob die Aufenthaltserlaubnis **wegen Krieges** im Heimatland erteilt wurde.

Ist dies der Fall, besteht Anspruch auf Leistungen nach dem AsylbLG, und somit greift der Ausschluss nach § 7 Abs. 1 Satz 2 Nr. 3 SGB II.

Familienangehörige von Deutschen sind in den ersten drei Monaten ihres Aufenthalts in Deutschland nicht vom generellen Leistungsausschluss betroffen. Dies gilt insbesondere für Aufenthalte zur Familiengründung.

c) Familienangehörige von Deutschen

Familienangehörige von deutschen Staatsangehörigen sind in den ersten drei Monaten ihres Aufenthalts in der Bundesrepublik Deutschland nicht vom generellen Leistungsausschluss betroffen. Dies gilt insbesondere für Aufenthalte zur Familiengründung. Betroffen sind insbesondere Ehegatten und Lebenspartner in eingetragener Lebenspartnerschaft.

Das BSG hat hierzu bereits im Jahr 2013 eine wegweisende Entscheidung (BSG, Urt. v. 30.01.2013 – B 4 AS 37/12 R) getroffen:

BSG, Urt. v. 30.01.2013 – B 4 AS 37/12 R: »Ziehen Ausländer aus Nicht-EU-Staaten zu ihrem deutschen Ehepartner, können sie nicht die ersten drei Aufenthaltsmonate von SGB II-Leistungen ausgeschlossen werden. Die entsprechende gesetzliche Vorschrift ist nur bei EU-Bürgern, nicht aber bei Bürgern aus Drittstaaten anzuwenden.«

*»Ziehen Ausländer aus Nicht-EU-Staaten zu ihrem **deutschen Ehepartner**, können sie nicht die ersten drei Aufenthaltsmonate von SGB II-Leistungen ausgeschlossen werden. Die entsprechende gesetzliche Vorschrift ist nur bei EU-Bürgern, nicht aber bei Bürgern aus Drittstaaten anzuwenden.«*

Der algerische Mann hatte am 13.07.2009 seine deutsche Ehefrau geheiratet. Von der deutschen Botschaft in Algerien erhielt er daraufhin das erforderliche Visum, um zu seiner Ehegattin nach Deutschland zu ziehen. Er erhielt einen Aufenthaltstitel wegen Familienzusammenführung, der auch die Aufnahme einer Erwerbstätigkeit erlaubte.

Seine deutsche Ehefrau war SGB II-Leistungsbezieherin, also beantragte auch er beim Jobcenter Köln Arbeitslosengeld II.

Das Jobcenter wollte die Hilfeleistung erst nach drei Monaten seines Aufenthaltes in Deutschland gewähren und berief sich auf § 7 Abs. 1 Satz 2 Nr. 1 SGB II.

Der 4. Senat des BSG meint hierzu, die gesetzlichen Regelungen seien hier nicht ganz eindeutig. Deutschland habe die strittige Dreimonatsfrist eingeführt, um eine EU-Richtlinie umzusetzen. Nach der Gesetzesbegründung könnten letztlich nur

EU-Bürger gemeint sein, die während der ersten drei Monate ihres Aufenthaltes in Deutschland von SGB II-Leistungen ausgeschlossen sind. Aus den Vorschriften gehe nicht hervor, dass dies auch für Ausländer aus Nicht-EU-Staaten gilt, die zu ihrem deutschen Ehegatten gezogen sind. Dem Kläger stünden deshalb ab Antragstellung SGB II-Leistungen zu.

Ausländische Staatsbürger, die nach Deutschland einreisen und keine Familienangehörigen sind, sind vom Leistungsbezug ausgeschlossen, selbst wenn die Einreise anlässlich einer bevorstehenden Eheschließung mit einem Deutschen erfolgt.

Ausländische Staatsbürger hingegen, die nach Deutschland einreisen und **keine Familienangehörigen** sind, sind vom Leistungsbezug nach dem SGB II und SGB XII ausgeschlossen, selbst wenn die Einreise anlässlich einer bevorstehenden Eheschließung mit einem deutschen Staatsbürger erfolgt.

d) Briten nach dem Brexit

Das Vereinigte Königreich ist am 01.02.2020 aus der Europäischen Union ausgetreten.

Das Vereinigte Königreich ist am 01.02.2020 aus der Europäischen Union ausgetreten. In diesem Zusammenhang wurde zwischen der EU und dem Vereinigten Königreich das sogenannte Austrittsabkommen geschlossen, das wirksam umgesetzt und in Kraft getreten ist (§ 1 Abs. Nr. 3, Abs. Nr. 5, 6 sowie § 16 FreizügG/EU). Für die Zeit nach dem Austritt des Vereinigten Königreichs aus der EU wurde ein Übergangszeitraum festgelegt, der am 31.12.2020 endete.

Briten, die bis zum 01.02.2021 freizügigkeitsberechtigt waren, behalten dieselben Rechte wie vor dem Austritt. Die Rechte wurden eingefroren.

Ab dem 01.01.2021 haben Personen, die bis dahin zum Aufenthalt oder zum Arbeiten in Deutschland berechtigt waren und von diesem Recht Gebrauch gemacht hatten, im Wesentlichen dieselben Rechte wie vor dem Austritt. Die Rechte werden also, sofern sie auch genutzt worden sind, gleichsam eingefroren. Diese Rechte bestehen »kraft Gesetzes«. Um dies nachweisen zu können, benötigen die britischen Staatsangehörigen jedoch zwingend ein Dokument, das sie bei der Ausländerbehörde im Sinne eines Aufenthaltstitels erhalten.

Briten, die sich nicht auf ihr vorheriges Freizügigkeitsrecht berufen können, werden seither wie Drittstaatler behandelt.

Briten, die erst nach dem 01.01.2021 nach Deutschland eingereist sind oder einreisen wollen, können dies zwar visumsfrei tun, benötigen für einen rechtmäßigen Aufenthalt über die ersten 90 Tage hinaus aber einen Aufenthaltstitel, den sie bei der Ausländerbehörde beantragen müssen. Briten, die sich nicht auf ihr vorheriges Freizügigkeitsrecht berufen können, werden also wie Drittstaatler behandelt. Dies gilt auch für die Prüfung der sozialleistungsrechtlichen Ansprüche.

8. Verpflichtungserklärung (§ 68 AufenthG)

Im Rahmen der Beantragung eines Aufenthaltstitels kann eine Verpflichtungserklärung nach § 68 AufenthG verlangt werden, wenn der Ausländer nicht in der Lage ist, seinen Lebensunterhalt selbst zu sichern. Die Sicherstellung des Lebensunterhalts

Eine Verpflichtungserklärung nach § 68 AufenthG ist die Zusicherung eines Dritten, den Lebensunterhalt eines Ausländers sicherzustellen, damit dieser einen Aufenthaltstitel in Deutschland bekommt.

ist eine zwingende Voraussetzung für die Erteilung des Aufenthaltstitels. Eine Prüfung unter Berücksichtigung aller Umstände des Einzelfalls könnte andernfalls zu einer Ablehnung des Aufenthaltstitels führen. Die Verpflichtungserklärung ist gegenüber der Ausländerbehörde oder einer Auslandsvertretung abzugeben.

Eine bestehende Verpflichtungserklärung führt nicht zu einem Ausschluss von Leistungen nach dem SGB II oder SGB XII. Sofern alle gesetzlichen Voraussetzungen erfüllt sind, insbesondere Hilfebedürftigkeit besteht, hat die ausländische Person Anspruch auf Leistungen nach dem SGB II und SGB XII. Zahlt der Verpflichtungsgeber entgegen der Vereinbarung in der Verpflichtungserklärung nicht und zahlt eine Sozialleistungsbehörde stattdessen, entsteht ein Erstattungsanspruch der öffentlichen Stelle, die Lebensunterhaltsleistungen an die ausländische Person erbringt.

Bei Hilfebedürftigkeit, die trotz der bestehenden Verpflichtungserklärung besteht, sind die Sozialleistungsbehörden zur Zahlung von Leistungen verpflichtet. Es besteht aber eine fünfjährige Erstattungspflicht des Verpflichtungsgebers der leistenden Behörde gegenüber.

Die Frage, für welchen Zeitraum eine Erstattungspflicht des Verpflichtungsgebers besteht, wurde im Rahmen des Integrationsgesetzes vom 23.07.2016 durch die Ergänzung des § 68 AufenthG (mit Geltung ab dem 06.08.2016) gesetzlich geregelt. Die Erstattungsverpflichtung gilt demnach grundsätzlich für den Erstattungsanspruch, der durch die Sozialleistungsbehörde festgestellt wird. Die Verpflichtungserklärung gilt für einen Zeitraum von fünf Jahren, beginnend mit der Einreise des Ausländers, die durch die Verpflichtungserklärung ermöglicht wurde. Es wurde klargestellt, dass die Verpflichtungserklärung auch vor Ablauf dieses Zeitraums nicht durch die Erteilung eines Aufenthaltstitels aus völkerrechtlichen, humanitären oder politischen Gründen (§§ 22 ff. AufenthG) oder durch die Zuerkennung der Flüchtlingseigenschaft bzw. des subsidiären Schutzes (§§ 3, 4 AsylG) erlischt. Im Regelfall ist die oder der Verpflichtete ohne Ermessensausübung zur Erstattung heranzuziehen. Ein Regelfall liegt vor, wenn die Voraussetzungen für die Aufenthaltsgenehmigung und die finanzielle Belastbarkeit des Verpflichteten im Verwaltungsverfahren von der Ausländerbehörde geprüft wurden und nichts darauf hindeutet, dass die Heranziehung zur Erstattung eine unzumutbare Belastung darstellen.

Zusammenfassung:

Bei Drittstaatlern ist insbesondere auf den vorhandenen Aufenthaltstitel zu schauen, um die Frage zu beantworten, ob sie einen Leistungsanspruch nach dem SGB II oder SGB XII gelten machen können.

Verfügt der Drittstaatler über einen rechtmäßigen Aufenthaltstitel, mit welchem man grundsätzlich in Deutschland arbeiten

darf, so führt dies grundsätzlich zu einem Anspruch auf Leistungen nach dem SGB II und SGB XII.

Im zweiten Schritt sollte man allerdings drauf achten, dass es sich bei dem Aufenthaltstitel nicht nur um ein nur vorübergehendes Aufenthaltsrecht handeln sollte. Saisonarbeitskräfte oder Au-pairs beispielsweise sind während ihrer Tätigkeit rechtmäßig in Deutschland, nehmen aber zu keinem Zeitpunkt ihren gewöhnlichen Aufenthalt in Deutschland ein. Der gewöhnliche Aufenthalt in Deutschland ist aber eine der wesentlichen Voraussetzungen, um Leistungen nach den beiden Sozialsicherungssystemen in Anspruch nehmen zu können.

IV. Unionsbürger

Der Begriff »Unionsbürger« bezeichnet die Staatsangehörigen der Mitgliedstaaten der Europäischen Union und umfasst somit die sog. »EU-Ausländer« (§ 1 FreizügG/EU). Gleichgestellt sind die Staatsangehörigen der Mitgliedstaaten des Europäischen Wirtschaftsraums, die nicht EU-Mitglieder sind, also von Island, Liechtenstein und Norwegen sowie der Schweiz (§ 12 FreizügG/EU).

Unionsbürger sind die Staatsangehörigen der Mitgliedstaaten der Europäischen Union. Gleichgestellt sind die Staatsangehörigen der Mitgliedstaaten des Europäischen Wirtschaftsraums, die nicht EU-Mitglieder sind, also von Island, Liechtenstein und Norwegen sowie der Schweiz.

Die Rechtsstellung der Unionsbürger wird durch das FreizügG/EU geregelt, das die Umsetzung der Unionsbürger-Richtlinie (Richtlinie 2004/38/EG) in Deutschland darstellt. Unionsbürger können mindestens die Rechte geltend machen, die auch Drittstaatlern zustehen. Daher sind einige Regelungen des Aufenthaltsgesetzes auch auf Unionsbürger anwendbar. In § 11 FreizügG/EU finden sich zahlreiche Verweise auf das AufenthG, die die Anwendung entsprechender Vorschriften auf Unionsbürger regeln. Diese Verweise sind insbesondere relevant für Regelungen, die den Status von Familienangehörigen betreffen. Zusätzlich ist die Allgemeine Verwaltungsvorschrift zum Freizügigkeitsgesetz/EU (AVV FreizügG/EU) zu beachten.

Unionsbürger genießen Freizügigkeit in allen Mitgliedstaaten der Europäischen Union (Art. 20, 21 AEUV), einschließlich Deutschland. Sie benötigen keinen Aufenthaltstitel im Sinne des AufenthG, um sich rechtmäßig in Deutschland aufzuhalten. Diese Freizügigkeit muss nicht beantragt werden und wird in der Regel auch nicht bescheinigt, mit Ausnahme der Bescheinigung über das Daueraufenthaltsrecht nach § 5 Abs. 5 FreizügG/EU. Die Freizügigkeit eines Unionsbürgers bleibt formal bestehen, bis die Ausländerbehörde sie entzieht oder feststellt, dass sie nicht besteht (§ 2 Abs. 7 FreizügG/EU).

Unionsbürger sind kraft ihrer Staatsangehörigkeit freizügigkeitsberechtigt.

Die Freizügigkeitsbescheinigung war eine amtliche Bestätigung für Unionsbürger und Gleichgestellte über das Bestehen des Aufenthaltsrechts in Deutschland. Diese Bescheinigung hatte lediglich deklaratorischen Charakter und wurde durch das Gesetz zur Änderung des FreizügG/EU sowie weiterer aufenthaltsrechtlicher Vorschriften mit Wirkung vom 29.01.2013 ersatzlos abgeschafft.

In den ersten drei Monaten nach der Einreise eines Unionsbürgers in einen anderen EU-Staat ist dessen Aufenthaltsrecht in Form der Freizügigkeit an keinen bestimmten Zweck gebunden.

In den ersten drei Monaten nach ihrer Einreise sind Unionsbürger völlig zweckfrei aufenthaltsberechtigt.

Der Unionsbürger kann zwar einen rechtlich relevanten Grund für seinen Aufenthalt haben, muss dies jedoch nicht. Um sich innerhalb der EU im genannten Dreimonatszeitraum rechtmäßig aufzuhalten, benötigt der Unionsbürger lediglich seinen Personalausweis oder Reisepass (§ 2 Abs. 5 FreizügG/EU).

Nach Ablauf der ersten drei Monate benötigt ein Unionsbürger eine Freizügigkeitsberechtigung. Diese finden sich in § 2 Abs. 1 Satz 1 FreizügG/EU.

Nach Ablauf der ersten drei Monate benötigt ein Unionsbürger, um sich weiterhin rechtmäßig in Deutschland aufzuhalten, einen rechtlich relevanten Grund. Dieser Grund, die Freizügigkeitsberechtigung, wird gemäß § 2 Abs. 1 Satz 1 FreizügG/EU insbesondere anerkannt für:

Unionsbürger sind insbesondere freizügigkeitsberechtigt, wenn sie als Arbeitnehmer, Auszubildende oder Selbstständige in Deutschland sind.

1. Unionsbürger, die sich als Arbeitnehmer oder zur Berufsausbildung in der Bundesrepublik aufhalten wollen.
2. Unionsbürger, die sich zur Arbeitssuche in der Bundesrepublik aufhalten, für bis zu sechs Monate; darüber hinaus nur, wenn sie nachweisen können, dass sie weiterhin aktiv nach Arbeit suchen und begründete Aussicht auf eine Einstellung haben.
3. Unionsbürger, die zur Ausübung einer selbstständigen Erwerbstätigkeit berechtigt sind (niedergelassene selbstständige Erwerbstätige).
4. Unionsbürger, die als selbstständige Erwerbstätige Dienstleistungen im Sinne des Art. 57 AEUV erbringen wollen (Erbringer von Dienstleistungen), sofern sie zur Erbringung der Dienstleistung berechtigt sind.
5. Unionsbürger als Empfänger von Dienstleistungen.
6. Nicht erwerbstätige Unionsbürger unter den Voraussetzungen des § 4 FreizügG/EU (ausreichender Krankenversicherungsschutz und Existenzmittel).
7. Familienangehörige unter den Voraussetzungen der §§ 3 und 4 FreizügG/EU.
8. Unionsbürger und ihre Familienangehörigen, die ein Daueraufenthaltsrecht erworben haben.

Die Freizügigkeitsrechte gelten auch für mitreisende Familienangehörige, zu denen insbesondere Ehegatten, Lebenspartner und Kinder gehören.

Ein Unionsbürger ist insbesondere freizügigkeitsberechtigt, wenn er Arbeitnehmer, Auszubildender oder Selbstständiger ist. Arbeitsuchende sind nur für einen Zeitraum von bis zu sechs Monaten freizügigkeitsberechtigt und darüber hinaus nur, wenn sie berechtigte Aussicht auf Erfolg bei der Arbeitssuche nachweisen können. Diese Freizügigkeitsrechte gelten auch für mitreisende Familienangehörige, zu denen insbesondere Ehegatten, Lebenspartner und Kinder gehören.

1. Freizügigkeitsberechtigung als Arbeitnehmer (§ 2 Abs. 2 Satz 1 Nr. 1 FreizügG/EU)

Nach der Rechtsprechung des EuGH (v.a. EuGH, Urt. v. 04.02.2010, Genc, C-14/09) ist Arbeitnehmer im Sinne von § 2 Abs. 2 Nr. 1, 1. Alt. FreizügG/EU, wer

- im Rahmen eines Arbeitsverhältnisses,
- während einer bestimmten Zeit,
- eine tatsächliche, echte und nicht nur völlig untergeordnete oder unwesentliche Tätigkeit
- für einen anderen nach dessen Weisung ausübt,
- für die er als Gegenleistung eine Vergütung erhält.

Arbeitnehmer ist, wer im Rahmen eines Arbeitsverhältnisses, während einer bestimmten Zeit, eine tatsächliche, echte und nicht nur völlig untergeordnete oder unwesentliche Tätigkeit für einen anderen nach dessen Weisung ausübt, für die er als Gegenleistung eine Vergütung erhält.

Das BSG (BSG, Urt. v. 29.03.2022 – B 4 AS 2/21 R) nimmt eine Gesamtbewertung der ausgeübten Tätigkeit als Beschäftigung vor und betrachtet hierbei insbesondere

- die Arbeitszeit,
- den Inhalt der Tätigkeit,
- Weisungsgebundenheit,
- den wirtschaftlichen Wert der erbrachten Leistung,
- die Vergütung als Gegenleistung für die Tätigkeit,
- den Arbeitsvertrag und dessen Regelungen,
- die Beschäftigungsdauer.

Das Bejahen oder Verneinen einzelner Indizien muss hierbei nicht ausschlaggebend sein, es ist immer eine Gesamtschau vorzunehmen.

Für die Arbeitnehmereigenschaft können folgende Indizien sprechen:

Bei der Prüfung können Indizien herangezogen werden, die für eine Arbeitnehmereigenschaft sprechen.

- Gewährung von Urlaub und Lohnfortzahlung im Krankheitsfall,
- Anwendung von Tarifverträgen,
- Sozialversicherungspflicht der Tätigkeit,
- ein Anspruch auf bezahlten Urlaub,
- Lohnfortzahlung im Krankheitsfall,
- Anwendung von Tarifverträgen,
- langjähriger Bestand der Beschäftigung,

- regelmäßiger Arbeitseinsatz,
- tatsächliche Zahlung der Vergütung.

Bei der Prüfung können Indizien herangezogen werden, die gegen eine Arbeitnehmereigenschaft sprechen.

Gegen die Arbeitnehmereigenschaft können hingegen folgende Indizien sprechen:

- nur sporadische Ausübung der Tätigkeit (reine Gelegenheits- oder Gefälligkeitsarbeiten),
- sehr geringe Arbeitszeit, in jedem Fall eine Arbeitszeit von weniger als 20 Stunden pro Monat,
- keine Belege über die tatsächliche Zahlung des Arbeitslohns (Kontoauszüge oder Quittungen),
- fehlende Anmeldung zur Sozialversicherung bzw. Anmeldung bei der Minijobzentrale,
- kein ordnungsgemäßes Abführen von Steuern und Sozialabgaben,
- keine Erbringung von Nachweisen über die tatsächlich geleistete Arbeitszeit, z.B. durch Lohnabrechnungen oder Stundenzettel.

Eine wöchentliche Arbeitszeit von fünf bis sechs Stunden ist ausreichend, um den Arbeitnehmerstatus zu begründen.

Für die Begründung eines Arbeitnehmerstatus ist die Ausübung einer nur geringfügigen Beschäftigung ausreichend. Mittlerweile hat sich die Rechtsprechung auf einen Maßstab von wöchentlich fünf bis sechs Stunden und die Ansetzung des Mindestlohns eingependelt (BSG, Urt. v. 12.09.2018 – B 14 AS 18/17 R).

Eine geringe Arbeitszeit kann zwar ein Anhaltspunkt dafür sein, dass die ausgeübte Tätigkeit nur untergeordnet und unwesentlich ist, dennoch ist eine Gesamtbewertung des Arbeitsverhältnisses vorzunehmen. Der Gesamtbewertung ist mit Rücksicht auf einschlägige Rechtsprechung des EuGH ein weites Verständnis zugrunde zu legen (BSG, Urt. v. 12.09.2018 – B 14 AS 18/17 R).

Eine Tätigkeit von lediglich zehn Stunden im Monat, und dies verteilt auf zwei Tage pro Monat mit jeweils fünf Stunden hingegen nicht.

Hierzu hat das BSG mit Urteil vom 29.03.2022 (Az. B 4 AS 2/21 R) aber mittlerweile klargestellt, dass eine Tätigkeit von lediglich zehn Stunden im Monat, und dies verteilt auf zwei Tage pro Monat mit jeweils fünf Stunden als völlig untergeordnet und unwesentlich einzustufen sei und keinen Arbeitnehmerstatus begründet!

Nach der Rechtsprechung des EuGH ist auch die Dauer der von dem Betroffenen verrichteten Tätigkeit ein Gesichtspunkt, den das innerstaatliche Gericht bei der Beurteilung berücksichtigen kann. Eine Beschäftigung von nur kurzer Dauer kann demnach den Arbeitnehmerstatus begründen. Um nicht als völlig unwesentlich in einer Gesamtschau zu gelten, erscheint es sinnvoll einen Mindestzeitraum der Ausübung der Tätigkeit von einem Monat anzusetzen.

Kurze Arbeitsverhältnisse können ausreichen. Bei erstmaliger Arbeitsaufnahme in Deutschland ist es aber sinnvoll, einen Mindestzeitraum von einem Monat anzusetzen, um den Arbeitnehmerstatus anzuerkennen.

Als Arbeitnehmer gilt auch, wer eine Berufsausbildung im dualen System absolviert.

Studierende, die Unionsbürger oder Staatsangehörige eines EWR-Staates oder der Schweiz sind und neben ihrem Studium einer Erwerbstätigkeit nachgehen, werden ebenfalls als Arbeitnehmer betrachtet. Es kommt daher nicht nur ein Aufenthaltsrecht nach § 2 Abs. 2 Nr. 5 i.V.m. § 4 FreizügG/EU als Student in Betracht, sondern auch als Arbeitnehmer im Sinne von § 2 Abs. 2 Nr. 1 FreizügG/EU.

a) Mutterschutz und Elternzeit

Wenn das Arbeitsverhältnis bei Mutterschutz und Elternzeit nicht beendet ist, sondern lediglich in dieser Zeit nicht ausgeübt wird, besteht der Arbeitnehmerstatus für einen Zeitraum von bis zu drei Jahren fort.

Wenn das Arbeitsverhältnis nicht beendet ist, sondern lediglich aufgrund des Mutterschutzes oder der Elternzeit keine tatsächliche Tätigkeit ausgeübt wird, besteht weiterhin der Arbeitnehmerstatus (BSG, Urt. v. 09.03.2022 – B 7/14 AS 91/20 R).

Bleibt das Arbeitsverhältnis während der Elternzeit bestehen und ruht lediglich, so bleibt auch der Arbeitnehmerstatus für einen Zeitraum von bis zu drei Jahren pro Kind bestehen. Damit bleibt auch ein SGB-II-Anspruch bestehen (BSG, Urt. v. 09.03.2022 – B 7/14 AS 91/20 R). Wenn das Arbeitsverhältnis während des Mutterschutzes oder der Elternzeit endet, kann gegebenenfalls der Erhalt der Erwerbstätigeneigenschaft greifen.

Hat eine Frau ihre Erwerbstätigkeit oder Arbeitsuche wegen der körperlichen Belastungen im Spätstadium ihrer Schwangerschaft und nach der Geburt des Kindes aufgegeben, behält sie nach Auslegung des EuGH die »Arbeitnehmereigenschaft« im Sinne des Art. 45 AEUV, sofern sie innerhalb eines angemessenen Zeitraums nach der Geburt ihres Kindes ihre Beschäftigung wieder aufnimmt oder eine andere Stelle findet. Der »angemessene Zeitraum« für die (Wieder-)Aufnahme einer Tätigkeit ist nicht festgelegt, sodass dies im Einzelfall zu entscheiden ist. Wirkt der Arbeitnehmerstatus nach dieser Abwägung nicht mehr fort, entfällt in der Regel auch die SGB II-Leistungsberechtigung (vgl. LSG Berlin-Brandenburg, Beschl. v. 30.01.2017 – L 20 AS 2483/16 B ER, juris Rn. 22 mit Verweis auf EuGH, Urt. v. 19.06.2014 – C 507/12, Rn. 47).

b) Tätigkeit in einer JVA

Eine Tätigkeit in einer JVA begründet grundsätzlich keinen Status als Arbeitnehmer.

Eine Tätigkeit während der Verbüßung einer Freiheitsstrafe in einer JVA begründet grundsätzlich keinen Status als Arbeitnehmer, da die Tätigkeit gerade nicht unter den üblichen Bedingungen des allgemeinen Arbeitsmarktes erfolgt. Es handelt sich hierbei lediglich um eine therapeutische Maßnahme im Strafvollzug (BAG, Urt. v. 15.02.2012 – 10 AZR 301/10).

c) Scheinarbeitsverhältnis gem. § 117 BGB

Scheinarbeitsverhältnisse begründen keinen Status als Arbeitnehmer, da sie gem. § 117 BGB nichtig sind.

Scheinarbeitsverhältnisse begründen keinen Status als Arbeitnehmer, denn ein solcher Vertrag ist gem. § 117 BGB nichtig. Wenn ein Arbeitsvertrag nur formal geschlossen wird, um z.B. Sozialleistungen oder Krankenversicherungsschutz zu erhalten oder lediglich aus sonstigen steuerrechtlichen Gründen (z.B. Ehefrau ist beim Ehemann als Arbeitgeber angestellt) ohne eine Arbeitsleistung zu erbringen, begründet dies keinen Status als Arbeitnehmer, da die Rechtswirkungen eines Arbeitsvertrages gerade nicht eintreten sollen und keine echte Teilnahme am Wirtschaftsleben gegeben ist. Nicht als Arbeitnehmer oder Selbstständige im Sinne des § 7 Abs. 1 Satz 2 Nr. 1 SGB II gelten Personen, die ihrer Berufstätigkeit im Ausland nachgehen (Grenzgängerinnen und Grenzgänger).

2. Freizügigkeitsberechtigung als selbstständiger Erwerbstätiger (§ 2 Abs. 2 Satz 1 Nr. 2 FreizügG/EU)

Selbstständige Erwerbstätigkeit: eine nicht weisungsgebundene und auf Kontinuität angelegte, echte und tatsächliche Ausübung einer Tätigkeit, welche nicht nur völlig untergeordnet und unwesentlich sein darf. Die Voraussetzungen für die Erfüllung des Arbeitnehmerstatus sind anzuwenden.

Eine selbstständige Erwerbstätigkeit erfordert eine nicht weisungsgebundene und auf Kontinuität angelegte, echte und tatsächliche Ausübung einer Tätigkeit, welche nicht nur völlig untergeordnet und unwesentlich sein darf. Hier kann man sich an den Voraussetzungen für die Erfüllung des Arbeitnehmerstatus orientieren.

Dies hat jüngst auch das BSG in seinem Beschluss vom 07.01.2025 (Az. B 4 AS 92/24 B) so bestätigt.

Da das Aufenthaltsrecht in § 2 Abs. 3 Satz 1 Nr. 2 FreizügG/EU das Fortwirken von Arbeitnehmer- und Selbstständigenstatus einheitlich regelt, lassen sich hieraus auch Schlüsse auf die Auslegung des Begriffs der selbstständigen Tätigkeit im Sinne des § 2 Abs. 2 Nr. 2 FreizügG/EU ziehen. Es sein gerade kein rechtfertigender Grund für einen weniger anspruchsvollen Selbstständigkeitsbegriff ersichtlich. Das bedeutet, dass auch der selbstständig tätige Unionsbürger einen gewissen Arbeitsaufwand an den Tag legen und ein Mindestmaß an Gewinn erzielen muss, damit die Tätigkeit nicht als völlig untergeordnet und unwesentlich eingestuft wird. Selbstverständlich reicht es auch nicht aus, eine Gewerbeanmeldung vorzunehmen. Die selbstständige Tätigkeit muss tatsächlich und echt erfolgen (BSG, Urt. v. 19.10.2010 – B 14 AS 23/10 R, Rn. 19).

Niedergelassene Erwerbstätige (= Selbstständige) sind Personen, die eine nicht weisungsgebundene und auf Kontinuität angelegte selbstständige Erwerbstätigkeit mit Gewinnerzielungsabsicht in einem Mitgliedstaat aufnehmen und ausüben.

Anhaltspunkte für die Ausübung einer selbstständigen Tätigkeit sind:

- Beteiligung an Gewinn und Verlust,
- freie Bestimmung der Arbeitszeit,
- Weisungsfreiheit,
- Auswahl der Mitarbeiter,
- entsprechende Qualifikation und Erfahrung für die Tätigkeit,
- Vorhandensein der erforderlichen Ausrüstung,
- Auftreten am Markt (insbesondere Auftragsakquise).

Anhaltspunkte für die Ausübung einer selbstständigen Tätigkeit sind:
- **Beteiligung an Gewinn und Verlust,**
- **freie Bestimmung der Arbeitszeit,**
- **Weisungsfreiheit,**
- **Auswahl der Mitarbeiter,**
- **entsprechende Qualifikation und Erfahrung für die Tätigkeit,**
- **Vorhandensein der erforderlichen Ausrüstung,**
- **Auftreten am Markt (insbesondere Auftragsakquise).**

3. Freizügigkeitsberechtigung als Arbeitsuchender (§ 2 Abs. 2 Satz 1 Nr. 1a FreizügG/EU)

Freizügigkeitsberechtigung als Arbeitsuchender besteht für sechs Monate und darüber hinaus nur, wenn der Arbeitsuchende begründete Aussicht hat, einen Arbeitsplatz zu finden. Begründete Aussicht einen Arbeitsplatz zu finden, kann angenommen werden, wenn der Arbeitsuchende aufgrund seiner Qualifikation und des aktuellen Bedarfes am Arbeitsmarkt voraussichtlich mit seinen Bewerbungen erfolgreich sein wird. Dies ist zu verneinen, wenn er keinerlei ernsthafte Absichten verfolgt, eine Beschäftigung aufzunehmen.

Arbeitsuchende sind in der Regel für einen Zeitraum von sechs Monaten freizügigkeitsberechtigt.

Begehrt der Unionsbürger die Verlängerung seines rechtmäßigen Aufenthaltes zur Arbeitsuche über den regelhaften 6-Monatszeitraum hinaus, so ist die Ausländerbehörde zu involvieren. Der Zeitraum endet sonst ohne weiteres Zutun nach sechs Monaten.

4. Freizügigkeitsberechtigung als nicht erwerbstätige Unionsbürger (§ 2 Abs. 2 Nr. 5 FreizügG/EU)

Nicht erwerbstätige Unionsbürger sind nur dann freizügigkeitsberechtigt, wenn sie über ausreichenden Krankenversicherungsschutz und ausreichende Existenzmittel verfügen.

Nicht erwerbstätige Unionsbürger und ihre Familienangehörigen, die den Unionsbürger begleiten oder ihm nachziehen, haben das Recht nach § 2 Abs. 1 FreizügG/EU, wenn sie über ausreichenden Krankenversicherungsschutz und ausreichende Existenzmittel verfügen (§ 4 FreizügG/EU). Nicht erwerbstätige Unionsbürgerinnen und Unionsbürger, die von ihrem Freizügigkeitsrecht Gebrauch machen und sich zum Zwecke der Ausbildungs- oder Studienplatzsuche in die Bundesrepublik Deutschland begeben (vgl. § 2 Abs. 2 Nr. 1a FreizügG/EU und § 2 Abs. 2 Nr. 5 FreizügG/EU in Verbindung mit § 4 FreizügG/

EU), sind – ebenso wie ihre Familienangehörigen – nach § 7 Abs. 1 Satz 2 Nr. 2 SGB II vom Leistungsbezug ausgeschlossen, sofern sie das Freizügigkeitsrecht allein zum Zweck der Suche nach einem Ausbildungs- oder Studienplatz ausüben.

Falls sie nicht allein zum Zweck der Ausbildungs- oder Studienplatzsuche nach Deutschland gekommen sind, haben sie kein Aufenthaltsrecht, wenn der Lebensunterhalt nicht aus eigenen Mitteln gesichert ist und kein ausreichender Krankenversicherungsschutz besteht. Für das Aufenthaltsrecht als Nichterwerbstätiger kommt es auf die Herkunft der Mittel nicht an. Reichen diese Existenzmittel nicht zur Sicherung des Lebensunterhalts aus, besteht grundsätzlich kein Anspruch auf Leistungen nach dem SGB II, da kein Freizügigkeitsrecht besteht.

5. Freizügigkeitsberechtigung wegen Erhalt der Erwerbstätigeneigenschaft (§ 2 Abs. 3 FreizügG/EU)

Erhalt der Erwerbstätigeneigenschaft bei unfall- oder krankheitsbedingter vorübergehender Erwerbsminderung.

§ 2 Abs. 3 FreizügG/EU räumt Arbeitnehmern und Selbstständigen ein Fortbestehen ihres Status ein, wenn unfall- oder krankheitsbedingt vorübergehende Erwerbsminderung vorliegt. Eine Erwerbsminderung wird als vorübergehend angesehen, wenn aufgrund einer ärztlichen Prognose mit der Wiederherstellung der Erwerbsfähigkeit, gegebenenfalls auch eingeschränkt, gerechnet werden kann. Die Erwerbsminderung sollte hierbei von dem Rentenversicherungsträger oder einem ärztlichen Dienst festgestellt worden sein.

Steht schon zu Beginn der Prüfung fest, dass die Erwerbsminderung nicht nur vorübergehend ist, entfällt das Freizügigkeitsrecht als Arbeitnehmer oder Selbstständiger.

Erhalt der Erwerbstätigeneigenschaft auch bei unfreiwilliger Arbeitslosigkeit oder Aufgabe der selbstständigen Tätigkeit, wenn vorherige Tätigkeit genau ein Jahr oder länger andauerte.

Die Fortwirkung greift auch in dem sehr viel häufiger auftretenden Fall der unfreiwilligen Arbeitslosigkeit oder Aufgabe der selbstständigen Tätigkeit unter der Voraussetzung, dass die vorherige Tätigkeit länger als ein Jahr andauerte. Die zeitlich unbegrenzte Fortwirkung des Arbeitnehmerstatus knüpft auch an ein genau ein Jahr bestehendes Beschäftigungsverhältnis an (BSG, Urt. v. 09.03.2022 – B 7/14 AS 79/20 R).

Bei Arbeitslosigkeit nach kürzerer Beschäftigung als ein Jahr bleibt die Eigenschaft als Arbeitnehmer oder Selbstständiger für sechs Monate ab Arbeitsplatzverlust erhalten.

Bei Arbeitslosigkeit nach kürzerer Beschäftigung als ein Jahr bleibt die Eigenschaft als Arbeitnehmer oder Selbstständiger für sechs Monate ab Arbeitsplatzverlust erhalten. Die unbegrenzte Fortwirkung kann auch durch das Zusammenrechnen mehrerer Arbeitsverhältnisse erreicht werden.

Das BSG hat bereits 2017 in einem Fall entschieden, dass zwei Tätigkeiten, getrennt durch einen Zeitraum von lediglich zwei Wochen, zu einer Tätigkeit von insgesamt mehr als einem Jahr führen können (BSG, Urt. v. 13.07.2017 – B 4 AS 17/16 R). Mittlerweile konkretisierte das BSG seine Auffassung durch das Urteil vom 29.03.2022 (Az. B 4 AS 2/21 R), in welchem die Frage nach dem Fortbestehen des Arbeitnehmerstatus bei mehreren Unterbrechungen thematisiert wurde. Das BSG geht davon aus, dass Beschäftigungszeiten, die von Zeiten der Arbeitslosigkeit von bis zu sechs Monate unterbrochen worden sind, für die Prüfung des unbefristet fortbestehenden Arbeitnehmerstatus zusammengerechnet werden können.

Für die Prüfung des unbefristet fortbestehenden Arbeitnehmerstatus können Zeiten der Arbeitslosigkeit von bis zu sechs Monaten zusammengerechnet werden.

Der Arbeitnehmerstatus bleibt auch erhalten, wenn sich die vereinbarte wöchentliche Arbeitszeit betriebsbedingt und nur vorübergehend in einem so erheblichen Maße verringert, dass keine Arbeitnehmereigenschaft mehr vorliegt. Bei einvernehmlicher Verringerung der vereinbarten wöchentlichen Arbeitszeit auf ein Maß, bei dem keine Arbeitnehmereigenschaft mehr vorliegt, ist die Unfreiwilligkeit der Arbeitslosigkeit zu verneinen. In diesem Fall besteht kein Freizügigkeitsrecht und damit kein Leistungsanspruch nach dem SGB II mehr.

Unfreiwillige Arbeitslosigkeit wird angenommen, wenn kein Verschulden bezüglich der Arbeitsplatzaufgabe vorliegt. Verschulden in diesem Sinne liegt in den Fällen vor, in denen die Agentur für Arbeit gem. § 159 SGB III bei Vorliegen der Voraussetzungen eine Sperrzeit verhängt, beispielsweise bei einer

- verhaltensbedingten Kündigung,
- fristlosen Kündigung,
- Eigenkündigung des Arbeitnehmers,
- Schließung eines Aufhebungsvertrages.

Verschulden bei Arbeitsplatzaufgabe liegt vor bei verhaltensbedingter Kündigung, fristloser Kündigung, Eigenkündigung des Arbeitnehmers, Schließung eines Aufhebungsvertrages.

In den Fällen, in denen dem Grunde nach ein Anspruch auf Arbeitslosengeld nach dem SGB III besteht, bestätigt ausschließlich die Agentur für Arbeit und nicht das Jobcenter die unfreiwillige Arbeitslosigkeit. Der umgekehrte Fall – die Verhängung einer Sperrzeit (§ 159 SGB III) durch die Agentur für Arbeit im ALG-Bescheid – führt dazu, dass eine Fortwirkung nicht eintritt. In diesem Fall wird die unfreiwillige Arbeitslosigkeit gerade nicht bestätigt (BSG, Urt. v. 09.03.2022 – B 7/14 AS 79/20 R). Für gemeinsame Einrichtungen hat die Agentur für Arbeit in ihren Fachlichen Weisungen vorgegeben, dass in allen Fällen (auch ohne SGB III-Bezug) die Agentur für Arbeit die Prüfung der Freiwilligkeit der Arbeitsaufgabe für die Jobcenter vornimmt.

Damit der Arbeitnehmerstatus bei Aufnahme einer Berufsausbildung erhalten bleibt, sind nach § 2 Abs. 3 Satz 1 Nr. 3 FreizügG/EU mehrere Voraussetzungen zu erfüllen:

Bei Aufnahme einer Berufsausbildung bleibt die Arbeitnehmereigenschaft erhalten, wenn es sich um eine mindestens zweijährige abschlussorientierte Ausbildung

handelt und ein Zusammenhang zwischen der Ausbildung und der früheren Erwerbstätigkeit besteht. Bei unfreiwilligem Arbeitsplatzverlust ist der Zusammenhang zwischen der vorherigen Erwerbstätigkeit und der Ausbildung nicht erforderlich.

- Es muss sich bei der aufgenommenen Ausbildung um eine mindestens zweijährige abschlussorientierte Ausbildung handeln.
- Es muss ein Zusammenhang zwischen der Ausbildung und der früheren Erwerbstätigkeit bestehen.

Der Zusammenhang zwischen der vorherigen Erwerbstätigkeit und der Ausbildung ist nicht erforderlich, wenn der Unionsbürger seinen Arbeitsplatz unfreiwillig verloren hat. Ein Zusammenhang zwischen der vorherigen Erwerbstätigkeit und der Ausbildung ist auch nicht erforderlich, wenn die Ausbildung im dualen System absolviert wird. Diese Personen sind in der Regel bereits freizügigkeitsberechtigt nach § 2 Abs. 2 Nr. 1 FreizügG/EU.

6. Freizügigkeitsberechtigung als Familienangehörige (§ 2 Abs. 2 Nr. 6 FreizügG/EU)

Drittstaatler, die Familienangehörige eines Unionsbürgers sind, sind so zu behandeln wie Unionsbürger.

Von der Freizügigkeitsberechtigung für Familienangehörige (§ 2 Abs. 2 Satz 1 Nr. 6 Freizüg/EU) werden sowohl Familienangehörige umfasst, die selbst Unionsbürger sind, als auch Familienangehörige aus Drittstaaten. Das bedeutet, dass Drittstaatler, die Familienangehörige eines Unionsbürgers sind, so behandelt werden wie Unionsbürger.

Der Unionsbürger, von dem ein Recht als Familienangehöriger abgeleitet werden soll, benötigt ein eigenes Freizügigkeitsrecht wie Arbeitnehmer, Selbstständiger, Arbeitsuchender, Daueraufenthaltsberechtigter oder anderes.

Freizügigkeitsberechtigten Familienangehörigen, die keine Unionsbürgerinnen oder Unionsbürger sind, wird zum Nachweis ihres Freizügigkeitsrechts eine Aufenthaltskarte für Familienangehörige von Unionsbürgerinnen und Unionsbürgern ausgestellt, die bis zu fünf Jahre gültig ist.

Um den Status eines Familienangehörigen ableiten zu können, bedarf es eines Unionsbürgers mit eigenem Freizügigkeitsrecht. Der Unionsbürger muss also selbst über ein eigenes Freizügigkeitsrecht als Arbeitnehmer, Selbstständiger, Arbeitsuchender, Daueraufenthaltsberechtigter oder anderes verfügen.

Familienangehörige sind Ehepartner, gleichgeschlechtliche Lebenspartner sowie deren Kinder und Enkel bis zum Alter von 21 Jahren.

Familienangehörige umfassen stets und bedingungslos Ehepartner, gleichgeschlechtliche Lebenspartner sowie deren Kinder und Enkel bis zum Alter von 21 Jahren (Verwandte in gerader absteigender Linie). Darüber hinaus können unter bestimmten Voraussetzungen auch Eltern, Großeltern sowie Kinder und Enkel über 21 Jahre (Verwandte in gerader aufsteigender und gerader absteigender Linie) einbezogen werden. Eine entscheidende Voraussetzung ist, dass der Unionsbürger, von dem der Familienangehörige sein Freizügigkeitsrecht ableitet, diesem Unterhalt gewährt (§ 1 Abs. 2 Nr. 3 FreizügG). Es ist wichtig zu beachten, dass die Unterhaltsgewährung nicht bedarfsdeckend sein muss.

In Fällen der Unterhaltsgewährung wird geprüft, ob ein sogenanntes Abhängigkeitsverhältnis zwischen dem Unionsbürger und dem Familienangehörigen besteht. Dies wird bejaht, wenn der Unionsbürger den Familienangehörigen, der sich noch im Heimatstaat befindet, länger als nur vorübergehend (d.h. länger als sechs Monate) finanziell unterstützt und diese Unterstützung insgesamt ein finanzielles Abhängigkeitsverhältnis darstellt. Regelmäßig wird dies der Fall sein, wenn der Familienangehörige keine weiteren Einkommensquellen hat. Die Rechtsprechung hat in solchen Fällen häufig Beträge von 100 € monatlich als ausreichend erachtet (LSG Nordrhein-Westfalen, Beschl. v. 28.05.2015 – L 7 AS 372/15 B ER und L 7 AS 373/15 B; vgl. auch LSG Nordrhein-Westfalen, Beschl. v. 15.04.2015 – L 7 AS 428/15 B ER).

Bei Unterhaltsgewährung auch Eltern, Großeltern sowie Kinder und Enkel über 21 Jahre.

Hierbei ist das sog. Abhängigkeitsverhältnis ausschlaggebend.

Wenn der Familienangehörige unter den oben beschriebenen Voraussetzungen zu dem Unionsbürger nach Deutschland zieht und dieser ihn weiterhin unterhält (was auch durch freies Wohnen und Kost realisiert werden kann), so ist der Familienangehörige als solcher freizügigkeitsberechtigt (vgl. LSG Nordrhein-Westfalen, Urt. v. 22.03.2018 – L 7 AS 1512/17; LSG Nordrhein-Westfalen, Beschl. v. 30.01.2019 – L 7 AS 2006/18 B ER; LSG Bayern, Beschl. v. 06.08.2019 – L 16 AS 450/19 B ER).

Das BSG hat mittlerweile noch einmal hervorgehoben, dass das Bestehen eines sog. Abhängigkeitsverhältnisses für das Bejahen dieser ergänzenden Bildung von Familienangehörigen wesentlich ist.

So hat das BSG das Abhängigkeitsverhältnis in einem Fall verneint, in dem eine in Deutschland arbeitende Mutter ihrer in Lettland lebenden 24-jährigen Tochter über einen längeren Zeitraum Geld schickte.

Die Mutter hat Beträge zwischen 10 und 95 € überwiesen, durchschnittlich waren es im gesamten Zeitraum von knapp einem Jahr 37 €. Da die Tochter in Litauen eigenes Einkommen in Höhe von 350 € monatlich erzielte, stellen die durchschnittlich gezahlten 37 € der Mutter eine unwesentliche Besserstellung dar. Ein Abhängigkeitsverhältnis zwischen Mutter und Tochter sei hierdurch jedenfalls nicht entstanden. Damit sei die Tochter nach ihrer Einreise nach Deutschland auch nicht als Familienangehörige nach dem Freizügigkeitsgesetz zu behandeln (BSG, Urt. v. 06.06.2023 – B 4 AS 4/22 R).

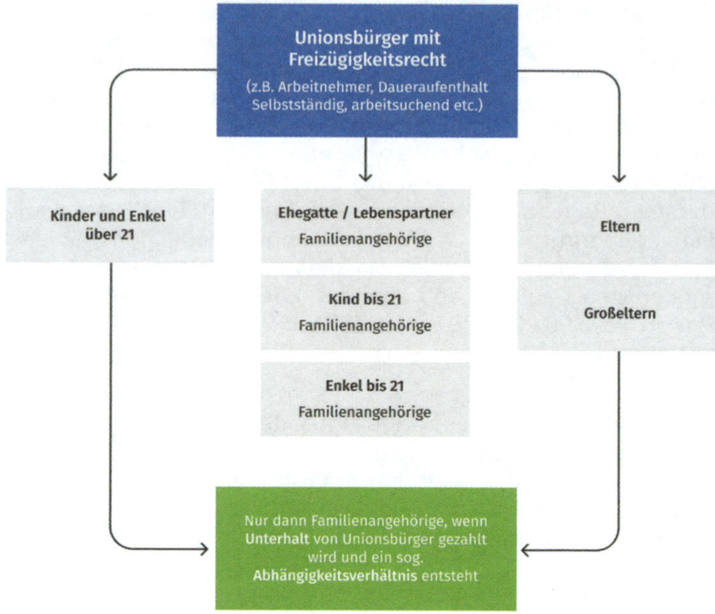

Abb. 5: Familienangehörige im freizügigkeitsrechtlichen Sinne

Rechtsprechungsbeispiele:

LSG Nordrhein-Westfalen, Beschl. v. 26.03.2020 – L 9 SO 1/20 B ER: Anspruch auf Leistungen nach SGB XII für die Mutter von drei erwachsenen Söhnen. Die Söhne gewähren ihr mietfreie Unterkunft und 120 € monatlich. Dies kann als Unterhaltsgewährung für das Bestehen eines materiellen Freizügigkeitsrechts als Familienangehörige in aufsteigender Linie ausreichen. Zudem haben die Söhne sie bereits vor ihrer Einreise mit Geldzuwendungen in Höhe von 100 €, Essen, Unterkunft und Kleidung unterstützt.

LSG Bayern, Beschl. v. 06.08.2019 – L 16 AS 450/19 B ER: Anspruch auf Leistungen nach SGB II für die Mutter eines volljährigen früheren Arbeitnehmers. Sie ist als Familienangehörige freizügigkeitsberechtigt, da der Sohn ihr zumindest einen Teil des Unterhalts in Form von kostenlosem Wohnrecht, Übernahme der Krankenversicherungsbeiträge sowie Verpflegung und Pflege erbracht hat. Damit besteht eindeutig ein Abhängigkeitsverhältnis.

Bei Scheidung behalten (drittstaatsangehörige) Familienangehörige ein Freizügigkeitsrecht als Familienangehörige, wenn die Ehe mindestens drei Jahre bestanden hatte, davon mindestens ein Jahr im Bundesgebiet. Es kommt hierbei nicht auf den Zeitpunkt der Trennung an, sondern auf den Zeitpunkt der »Einleitung des gerichtlichen Scheidungsverfahrens«. Hierfür ist es für Drittstaatsangehörige allerdings zudem erforderlich, dass sie in eigener Person eine der Freizügigkeitsvoraussetzungen aus § 2 Abs. 2 Nr. 1 bis 3 oder 5 FreizügG erfüllen (also z.B. Arbeitnehmer, Selbstständige oder Arbeitssuchende sind bzw. als Nicht-Erwerbstätige über ausreichende Existenzmittel verfügen [§ 3 Abs. 4 FreizügG, Art. 13 Abs. 2 UnionsRL]).

Bei Scheidung behalten Eheleute ein Freizügigkeitsrecht als Familienangehörige, wenn die Ehe mindestens drei Jahre bestanden hatte, davon mindestens ein Jahr im Bundesgebiet.

Im Fall einer »besonderen Härte«, etwa wegen Gewalt, körperlichen oder psychischen Missbrauchs oder aus anderen Gründen, aufgrund derer einem drittstaatsangehörigen Ehegatten das Festhalten an der Ehe oder der Lebenspartnerschaft nicht zugemutet werden konnte, gilt die Mindestbestandszeit nicht als Voraussetzung für das Fortbestehen des Freizügigkeitsrechts als Familienangehörige (§ 3 Abs. 4 Nr. 3 FreizügG, Art. 13 Abs. 2 UnionsRL). Ebenfalls unabhängig von der Ehe-Mindestbestandszeit bleibt für drittstaatsangehörige Familienangehörige ein Freizügigkeitsrecht als Familienangehörige bestehen, wenn »durch Vereinbarung der Ehegatten oder der Lebenspartner oder durch gerichtliche Entscheidung das Recht zum persönlichen Umgang mit dem minder jährigen Kind nur im Bundesgebiet eingeräumt wurde« (§ 3 Abs. 4 Nr. 4 FreizügG, Art. 13 Abs. 2 UnionsRL).

Bei Unzumutbarkeit wegen besonderer Härte gilt die Mindestbestandszeit nicht.

Bei Umgangsrecht mit minderjährigen Kindern entfällt die Mindestbestandszeit ebenfalls.

a) Nicht verheiratete Paare

Nicht verheiratete Paare konnten aus dem FreizügG/EU heraus bis November 2020 keine Aufenthaltsrechte voneinander ableiten. Das FreizügG/EU beschränkte diese Rechte nur auf Eheleute oder Lebenspartner im Sinne der gleichgeschlechtlichen Lebenspartnerschaft. Aus diesem Grunde hat bereits im Jahr 2013 das BSG entschieden, dass gemeinsame Kinder, auch solche, die noch nicht geboren sind, mit Hinweis auf Art. 6 GG aufenthaltsrechtliche Vor- und Schutzwirkungen für das Aufenthaltsrecht der Eltern entfalten (BSG, Urt. v. 30.01.2013 – B 4 AS 54/12 R).

Wenn ein Elternteil also ein günstiges Freizügigkeitsrecht hat und ein gemeinsames Kind nach § 2 Abs. 2 i.V.m. § 3 Abs. 2 Nr. 1 FreizügG als Familienangehöriger freizügigkeitsberechtigt ist, so ist das Recht des Kindes auf beide Elternteile so stark, dass der Elternteil ohne Freizügigkeitsrecht ein Aufenthaltsrecht analog einer Aufenthaltserlaubnis im Aufenthaltsgesetz aus

Bei gemeinsamen Kindern mit einem freizügigkeitsberechtigten Elternteil wirkt das Recht des Kindes auf beide Elternteile so stark, dass der Elternteil ohne Freizügigkeitsrecht davon profitiert.

besonderen Gründen bekommt. Dies gilt unter der Voraussetzung der Vaterschaftsanerkennung auch schon, wenn das Kind noch ungeboren ist.

Beispiel 1:

Im vorliegenden Fall ging es um einen griechischen Staatsangehörigen mit Daueraufenthaltsrecht, der mit einer bulgarischen Staatsangehörigen, die über kein eigenständiges Freizügigkeitsrecht verfügte, liiert, aber nicht verheiratet war.

Die bulgarische Staatsangehörige war schwanger und schon während der Schwangerschaft hat der griechische Vater die Vaterschaft anerkannt. Da die beiden Elternteile nicht verheiratet waren, konnte die Mutter keine Freizügigkeit über den Kindsvater ableiten. Das seinerzeit involvierte Jobcenter lehnte deshalb Leistungen für die Mutter ab, mit dem Hinweis, sie sei lediglich arbeitsuchend und damit ausgeschlossen von Leistungen.

Das BSG entschied bereits im Jahr 2013 hingegen: »Der zu erwartenden Geburt des Kindes, das einen aus **Art. 6 GG** geschützten Anspruch auf Ermöglichung und Aufrechterhaltung eines familiären Bezugs zu beiden Elternteilen von Geburt an hat, kommen **aufenthaltsrechtliche Vor- und Schutzwirkungen** für das **Aufenthaltsrecht seiner Eltern** zu. Somit besteht bereits vor SGB II-Antragstellung ein unabhängiges Aufenthaltsrecht. Der Leistungsausschluss des § 7 Abs. Satz 2 Nr. 2 SGB II greift hier nicht.«

Das BSG hat so das Recht des Kindes gestärkt, bei eigenem Aufenthaltsrecht mit beiden Elternteilen gleichsam heranwachsen zu dürfen, was eine starke Auswirkung auch auf das Aufenthaltsrecht des nicht aufenthaltsberechtigten Elternteils hat.

Auch das BSG konnte im vorliegenden Fall keine Freizügigkeit aus dem Freizügigkeitsgesetz herstellen, hat deshalb auf die Möglichkeit einer analogen Anwendung des Aufenthaltsgesetzes verwiesen, wonach in diesen Fällen ein Aufenthaltsrecht aus familiären Gründen, das aus dem Zusammenleben der Partner mit einem gemeinsamen Kind oder dem Kind eines Partners folgt. Diese Personengruppen bilden jeweils eine Familie i.S. des Art. 6 GG und der §§ 27 Abs. 1, 28 Abs. 1, 29 und 32 AufenthG und können sich auch auf den Schutz aus Art. 8 der Konvention des Europarates zum Schutz der Menschenrechte und Grundfreiheiten (MRK) berufen.

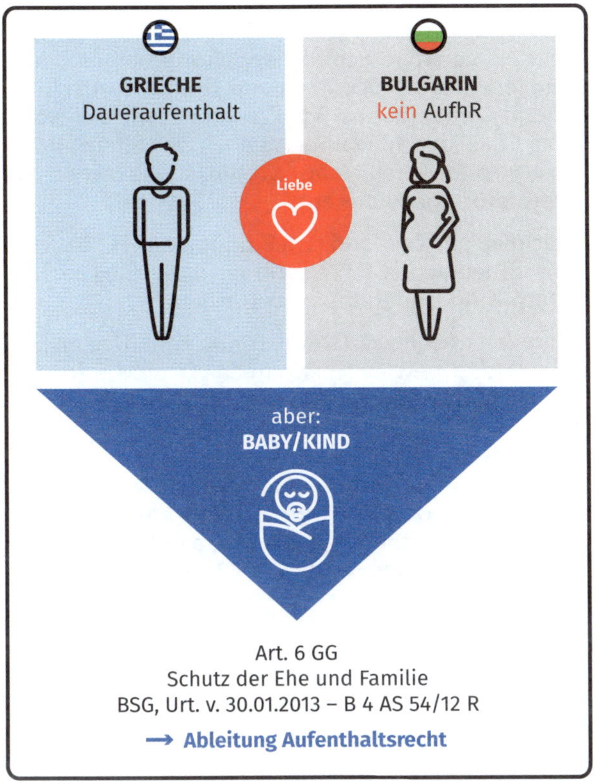

Abb. 6: Nicht verheiratete Paare mit gemeinsamen Kindern

Beispiel 2:

Eine polnische Frau und ein polnischer Mann sind nicht miteinander verheiratet und haben ein gemeinsames Kind. Der Vater ist erwerbstätig, die Mutter nicht. Der Vater verfügt über ein Freizügigkeitsrecht als Arbeitnehmer, das Kind verfügt damit über ein Freizügigkeitsrecht als Familienangehöriger. Die Mutter hat in diesem Fall wegen des Schlechterstellungsverbots einen (fiktiven) Anspruch auf Erteilung einer Aufenthaltserlaubnis nach § 28 AufenthG in analoger Anwendung, obwohl es sich nicht um ein deutsches Kind handelt. Damit hat sie ein Aufenthaltsrecht, mit dem sie auch Anspruch auf SGB-II-Leistungen hat (LSG Nordrhein-Westfalen, Beschl. v. 01.08.2017 – L 19 AS 1131/17 B ER). Die gilt auch, wenn die Ausländerbehörde die Aufenthaltserlaubnis nicht ausgestellt haben sollte. Auch Großeltern können ein Aufenthaltsrecht als sonstige Familienangehörige eines deutschen Enkelkindes unter Berücksichtigung des sich aus Art. 6 GG ergebenden Umfangs des Schutzes der Familie bekommen, wenn das Enkelkind (etwa bei Ableben der Eltern) zwingend auf Betreuungsleistungen angewiesen ist, die faktisch nur die Großeltern erbringen können.

Die tatsächlich gelebte familiäre Bindung des Hilfesuchenden mit seinem deutschen Enkelsohn ist dann gleichwertig mit einer Eltern-Kind-Beziehung zu betrachten.

Ein Aufenthaltsrecht aus Gründen des Familiennachzugs zu Deutschen ist zu gewähren, wenn der Deutsche (dem nachgezogen wird) seinen gewöhnlichen Aufenthalt im Bundesgebiet hat. Berechtigt dazu sind – in entsprechender Anwendung des § 36 AufenthG – auch sonstige Familienangehörige eines Deutschen zur Vermeidung einer außergewöhnlichen Härte. Entscheidend ist die Erforderlichkeit familiärer Lebenshilfe sowie die Gewährung des Schutzes des Art. 6 GG (LSG Berlin-Brandenburg, Urt. v. 01.06.2023 – L 32 AS 2002/19).

b) Nahestehende Personen

Das Aufenthaltsrecht der nahestehenden Personen soll Personengruppen erfassen, die zuvor unberücksichtigt blieben, wie Verwandte in Seitenlinie.

Durch Änderung des Freizügigkeitsgesetzes vom 24.11.2020 wurde ein Aufenthaltsrecht von »nahestehenden Personen« von in Deutschland lebenden EU-Bürgern geschaffen. Mit dem neu eingeführten § 3a FreizügG/EU ergeben sich nun Erleichterungen bei Einreise und Aufenthalt für die folgenden Personengruppen:

- Lebensgefährtin oder Lebensgefährte, »mit der oder dem die Person eine glaubhaft dargelegte, auf Dauer angelegte Gemeinschaft eingegangen ist, die keine weitere Lebensgemeinschaft zulässt«,
- minderjährige Pflegekinder oder Kinder, für die die Vormundschaft ausgeübt wird,
- Geschwister, Onkel, Tanten, Neffen und Nichten; Letztere allerdings nur unter der Voraussetzung, dass sie zusätzlich eine der folgenden Voraussetzungen erfüllen:
  - die nahestehende Person erhält seit mindestens zwei Jahren und nicht nur vorübergehend Unterhaltsleistungen von Seiten des Unionsbürgers oder
  - die nahestehende Person und der Unionsbürger haben im Ausland vor der Verlegung des Wohnsitzes nach

Deutschland bereits mindestens zwei Jahre lang in häuslicher Gemeinschaft zusammengelebt oder

- nicht nur vorübergehende schwerwiegende gesundheitliche Gründe machen es zwingend erforderlich, dass die nahestehende Person von dem Unionsbürger persönlich gepflegt wird.

Die Verleihung dieses Aufenthaltsrechts ist dabei eine Ermessensentscheidung, bei der die Ausländerbehörde »nach einer eingehenden Untersuchung der persönlichen Umstände maßgeblich zu berücksichtigen (hat), ob der Aufenthalt der nahestehenden Person unter Berücksichtigung ihrer Beziehung zum Unionsbürger sowie von anderen Gesichtspunkten, wie dem Grad der finanziellen oder physischen Abhängigkeit oder dem Grad der Verwandtschaft zwischen ihr und dem Unionsbürger, im Hinblick auf einen in Absatz 1 genannten Anlass des Aufenthalts erforderlich ist« (§ 3a Abs. 2 FreizügG). Voraussetzung für diese Aufenthaltsrechte ist die Erfüllung der allgemeinen Erteilungsvoraussetzungen nach § 5 AufenthG (§ 11 Abs. 5 FreizügG). Daher muss in der Regel insbesondere der Lebensunterhalt gesichert sein.

Das Aufenthaltsrecht der nahestehenden Person ist eine Ermessensentscheidung, die in der Ausländerbehörde getroffen wird.

Die »nahestehenden Personen« erhalten bei Verleihung des Aufenthaltsrechts eine »Aufenthaltskarte nach § 3a FreizügG (nahestehende Personen von EU-Bürgern)«. Damit besteht die Berechtigung zur Erwerbstätigkeit (§ 5 Abs. 7 FreizügG) und der Erwerb des Daueraufenthaltsrechts ist möglich (§ 4a Abs. 1 Satz 2 FreizügG). Die Hürden für die verlangten Nachweise der »nahestehenden Personen« sind zum Teil sehr hoch: So wird in vielen Fällen ein durch die »zuständige Behörde des Ursprungs- oder Herkunftslands ausgestelltes Dokument« (z.B. über die Unterhaltszahlung) verlangt, das nur sehr schwer beizubringen sein dürfte (§ 5a Abs. 3 FreizügG). Außerdem ist in einigen Konstellationen kein eigenständiges Aufenthaltsrecht für die »nahestehenden Personen« vorgesehen – etwa, wenn die Pflegekinder volljährig werden oder die nicht eingetragene Lebenspartnerschaft zerbricht (§ 3a Abs. 3 FreizügG).

Die nahestehenden Personen erhalten bei Verleihung des Aufenthaltsrechts eine »Aufenthaltskarte nach § 3a FreizügG.

7. Freizügigkeitsberechtigung als Daueraufenthaltsberechtigter (§ 2 Abs. 2 Nr. 7 FreizügG/EU)

Das Daueraufenthaltsrecht ist das stärkste Recht, das ein Unionsbürger erlangen kann. Ein Daueraufenthaltsrecht erlangen Unionsbürger, ihre Ehegatten oder Lebenspartner und ihre unterhaltsberechtigten Kinder, wenn sie sich seit fünf Jahren ständig rechtmäßig im Bundesgebiet aufgehalten haben, unabhängig vom weiteren Vorliegen der Freizügigkeitsvoraussetzungen.

Ein Daueraufenthaltsrecht erlangen Unionsbürger in der Regel, wenn sie sich seit fünf

Jahren ständig rechtmäßig im Bundesgebiet aufgehalten haben. Das Daueraufenthaltsrecht kann unter bestimmten Voraussetzungen auch früher erlangt werden.

Es beinhaltet zudem das Recht auf Einreise und Aufenthalt (§ 4a Abs. 1 FreizügG/EU).

Das Daueraufenthaltsrecht kann auch früher erlangt werden, wenn Unionsbürger sich

- mindestens drei Jahre ständig im Bundesgebiet aufgehalten und
- mindestens während der letzten zwölf Monate im Bundesgebiet eine Erwerbstätigkeit ausgeübt,
- zum Zeitpunkt des Ausscheidens aus dem Erwerbsleben das 65. Lebensjahr erreicht haben oder
- die Beschäftigung im Rahmen einer Vorruhestandsregelung beenden oder
- die Erwerbstätigkeit infolge einer vollen Erwerbsminderung aufgeben, die durch einen Arbeitsunfall oder eine Berufskrankheit eingetreten ist und
- einen Anspruch auf eine Rente gegenüber einem Leistungsträger im Bundesgebiet begründet oder
- nachdem sie sich zuvor mindestens zwei Jahre ständig im Bundesgebiet aufgehalten haben.

Das Daueraufenthaltsrecht kann sich der Unionsbürger bei der Ausländerbehörde gem. § 5 Abs. 5 FreizügG bescheinigen lassen. Diese sollte in Zweifelsfällen von den Unionsbürgern vorgelegt werden.

Familienangehörige, die keine Unionsbürgerinnen oder Unionsbürger sind, haben dieses Recht ebenfalls, wenn sie sich seit fünf Jahren mit der Unionsbürgerin oder dem Unionsbürger ständig rechtmäßig im Bundesgebiet aufgehalten haben. Es ist nicht zwingend erforderlich, dass die Familienangehörigen mit dem Unionsbürger oder der Unionsbürgerin in einer Wohnung leben.

8. Hüte als Gedankenstütze

Um sich die relevanten Freizügigkeitsrechte besser merken zu können, kann man sich die Freizügigkeit des Unionsbürgers beispielsweise als einen Hut vorstellen, den jeder Unionsbürger ausnahmslos trägt.

In den ersten drei Monaten nach der Einreise darf dieser Hut farblos sein, weil ein Unionsbürger für drei Monate völlig zweckfrei in Deutschland sein darf und in dieser Zeit dennoch rechtmäßig hier ist.

Nach Ablauf der ersten drei Monate muss dieser Hut aber, wenn der Unionsbürger rechtmäßig in Deutschland sein will, eine Farbe bekommen.

Jeder Freizügigkeitszweck nach § 2 Abs. 2 FreizügG/EU wird durch eine Farbe symbolisiert, die der Hut (also die Freizügigkeit des Unionsbürgers) bekommt.

Grüner Hut bei Erwerbstätigkeit.

So bekommen die Freizügigkeitszwecke, die etwas mit Erwerbstätigkeit zu tun haben, also der Arbeitnehmerstatus und die Selbstständigkeit die Farbe Grün. Grün im Sinne des Ampelsystems, wonach die grüne Farbe die Verknüpfung in den Anspruch innerhalb der Sozialleistungssysteme schafft. Mit einem grünen Hut gelangt man also problemlos ins SGB II und SGB XII. Dies gilt auch für den Zeitraum der ersten drei Monate nach der Einreise.

Roter Hut bei Arbeitsuche.

Der Hut der Arbeitsuche hingegen ist rot. Ein Unionsbürger ist während der sechs Monate der Arbeitsuche zwar rechtmäßig in Deutschland, sein Hut bekommt deshalb auch eine Farbe. Die Farbe rot steht aber dafür, dass es mit diesem Freizügigkeitszweck keinen Zugang zu den Sozialleistungssystemen gibt. Die Arbeitsuche ist der klassische Ausschlussgrund im SGB II und SGB XII.

Grüner Hut mit gelben Punkten bei Erhalt der Erwerbstätigeneigenschaft.

Grün mit gelben Punkten darf man sich den Hut des Erhaltes der Erwerbstätigkeit vorstellen. Grün ist der Hut, weil seine Basis aus einer Erwerbstätigkeit resultiert, die zwar nicht mehr anhält, aber Voraussetzung für die Fortwirkung ist. Die gelben Punkte signalisieren, dass hier keine aktive Tätigkeit mehr vorherrscht und dass ggf. eine zeitliche Begrenzung auf sechs Monate vorliegen könnte.

Familienangehörige tragen kleine Hüte in der Farbe dessen, von dem sie ihr Recht ableiten.

Familienangehörige tragen stets dieselbe Hutfarbe wie derjenige, von dem sie ihr Freizügigkeitsrecht ableiten. Handelt es sich also um einen Familienangehörigen eines Arbeitnehmers (der einen grünen Hut trägt), so tragen die Familienangehörigen ebenfalls kleine grüne Hüte.

Goldener Hut bei Daueraufenthalt.

Der goldene Hut ist der Hut des Daueraufenthaltes. Dieser Hut ist goldfarben, weil es das stärkste Recht ist, das ein Unionsbürger im Rahmen seiner Freizügigkeit erlangen kann. Dieses Recht bleibt selbst dann erhalten, wenn der Unionsbürger Deutschland bis zu einem Zeitraum von zwei Jahren am Stück verlässt.

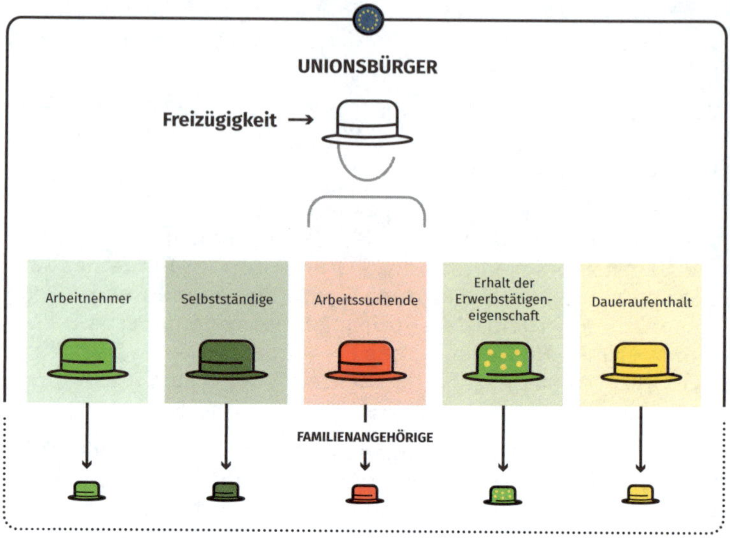

Abb. 7: Hüte als Gedankenstütze

9. Ende der Freizügigkeit

Die Ausländerbehörde ist zuständig, um das Nichtbestehen der Freizügigkeit oder gar den Entzug oder Verlust der Freizügigkeit eines Unionsbürgers festzustellen.

Die Ausländerbehörde ist die zuständige Behörde, wenn es um die formale Feststellung des Nichtbestehens der Freizügigkeit oder gar den Entzug oder Verlust der Freizügigkeit eines Unionsbürgers geht. Das Feststellen des Nichtbestehens der Freizügigkeit ist für die Ausländerbehörde relativ unproblematisch möglich.

Der Entzug der Freizügigkeit hingegen ist an recht hohe Hürden geknüpft. Das Nichtbestehen der Freizügigkeit kann von der Ausländerbehörde insbesondere festgestellt werden, wenn das Vorliegen der Voraussetzungen durch die Verwendung gefälschter Dokumente oder Vorspiegelung falscher Tatsachen vorgetäuscht wurde (§ 2 Abs. 7, § 5 FreizügG/EU).

Die Ausländerbehörde kann den Verlust der Freizügigkeit feststellen, wenn das Freizügigkeitsrecht nach § 2 Abs. 1 FreizügG/EU entfallen ist oder nicht (mehr) vorliegt, weil z.B. keine Arbeit mehr gesucht oder Erwerbstätigkeit ausgeübt wird (§ 5 Abs. 4 FreizügG/EU).

Die Feststellung des Verlustes des Freizügigkeitsrechts nach § 6 FreizügG/EU setzt z.B. voraus, dass ein Unionsbürger wegen einer Straftat verurteilt wurde, die ein persönliches Verhalten erkennen lässt, das eine gegenwärtige Gefährdung der öffentlichen Ordnung darstellt. Diese tatsächliche und hinreichend schwere Gefährdung muss ein Grundinteresse der Gesellschaft berühren.

Die Freizügigkeit eines Unionsbürgers endet erst mit der tatsächlichen Feststellung des Wegfalles der Freizügigkeit nach § 5 Abs. 4 FreizügG/EU. Unionsbürger sind ausreisepflichtig, wenn die Ausländerbehörde festgestellt hat, dass das Recht auf Einreise und Aufenthalt nicht besteht (§ 7 Abs. 1 FreizügG/EU).

Unionsbürger und ihre Familienangehörigen, die ihr Freizügigkeitsrecht nach § 6 Abs. 1 FreizügG/EU verloren haben, dürfen nicht erneut in die Bundesrepublik einreisen. Bei Feststellung des Nichtbestehens der Freizügigkeit nach § 2 Abs. 7 FreizügG/EU erfolgt die Entscheidung über ein etwaiges Wiedereinreiseverbot im Wege einer Ermessensentscheidung der Ausländerbehörde (§ 7 Abs. 2 FreizügG/EU).

Tatsächlich sind die Sozialleistungsbehörden in einigen Fällen auf das Zutun der Ausländerbehörden angewiesen.

Die Sozialgerichte aller Instanzen gehen davon aus, dass die Jobcenter und Sozialämter in der Lage sind, Freizügigkeitsrechte inzident bei Prüfung eines Sozialleistungsanspruches zu prüfen.

Grundsätzlich wird von den Sozialgerichten inklusive dem BSG erwartet und vorausgesetzt, dass die Sozialleistungsbehörden in der Lage sind, die Freizügigkeit eines Antragstellers, der Unionsbürger ist, innerhalb der Neuantragsprüfung richtig einzusortieren.

Im Falle der positiven Feststellung einer Freizügigkeit, die in einen sozialrechtlichen Anspruch führt, sollen die SGB II- und SGB XII-Behörden dann auch aufgrund ihrer eigenen Prüfungsergebnisse einen Leistungsanspruch eigenständig bejahen und bewilligen. Anders aber, wenn die Sozialleistungsbehörden ein negatives Ergebnis bei ihrer Freizügigkeitsprüfung erzielen. Kommt das Jobcenter oder das Sozialamt also zu dem Ergebnis, Freizügigkeit liegt bei dem antragstellenden Unionsbürger nicht vor und lehnt deshalb den Antrag wegen der vorherrschenden Ausschlussgründe ab, so ist spätestens im Klageverfahren die Ausländerbehörde einzuschalten.

Bei einer anspruchsbejahenden Freizügigkeitsfeststellung reicht die Einschätzung der Sozialleistungsbehörde aus.
Liegt laut Prüfung der Sozialleistungsbehörde keine Freizügigkeit vor, müssen aber die Ausländerbehörden tätig werden, um formal das Nichtbestehen der Freizügigkeit festzustellen.

Grund hierfür ist, dass die Sozialgerichte bei der Annahme, es läge keine Freizügigkeit vor, regelhaft die formale Feststellung durch die Ausländerbehörde für erforderlich halten. Diese sei die einzig zuständige Behörde und damit befähigt diese Feststellung vorzunehmen. Bei genauerer Betrachtung ist dies eine ungleiche Vorgehensweise durch die Sozialgerichte.

Bei einer anspruchsbejahenden Freizügigkeitsfeststellung reicht die Einschätzung der Sozialleistungsbehörde aus. Bei einer verneinenden Feststellung wird der Verwaltungsakt der Ausländerbehörde für erforderlich gehalten. Spätestens bei einem gerichtlichen Verfahren sollte hier der Verwaltungsakt der Ausländerbehörde vorliegen.

10. Aufenthaltsrecht aufgrund eines schulbesuchenden Kindes gem. Art. 10 der VO (EU) 492/2011

Neben den bereits behandelten freizügigkeitsrechtlichen Regelungen aus dem Freizügigkeitsgesetz, gibt es weitere besondere Regelungen zu beachten, die in einen Leistungsanspruch sozialrechtlicher Art führen. Eine zu beachtende Besonderheit ergibt sich daraus, dass schulbesuchende Kinder eine Rolle spielen können.

Schulbesuchende Kinder eines ehemals erwerbstätigen Unionsbürgers führen zu einem Aufenthaltsrecht nach § 3 Abs. 4 FreizügG/EU oder nach Art. 10 VO (EU) 492/2011.

Das Aufenthaltsrecht aufgrund des Schulbesuches eines Kindes kann sich aus zwei verschiedenen Rechtsgrundlagen ergeben: Zum einen ist in § 3 Abs. 4 FreizügG/EU geregelt, dass ein schulpflichtiges Kind und der die elterliche Sorge ausübende Elternteil das abgeleitete Aufenthaltsrecht von einem wegen Erwerbstätigkeit freizügigkeitsberechtigten Unionsbürgers auch nach dessen Tod oder Wegzug bis zum Abschluss einer Ausbildung behalten. Voraussetzungen dafür sind, dass

- sich das Kind im Bundesgebiet aufhält und
- eine Ausbildungseinrichtung besucht.

Schon im Jahr 2010 hat der EuGH in diesem Zusammenhang klargestellt, dass dieses Aufenthaltsrecht unabhängig davon gilt, ob die Rechtsinhaber ihren Lebensunterhalt aus eigener Kraft bestreiten können (EuGH, Urt. v. 23.02.2010 – C-310/08 und C-480/08). In dieser Fallkonstellation besteht also ausdrücklich ein Sozialleistungsanspruch der Aufenthaltsberechtigten.

Die VO (EU) 492/2011 ist nur für Arbeitnehmer anwendbar und stellt bei Erfüllung der Voraussetzungen ein Aufenthaltsrecht der betroffenen Personen bis zum Abschluss der Schulausbildung/ Erstausbildung sicher. 2017 wurde diese Personengruppe in einem Ausschlusstatbestand erfasst und war seither von Leistungen

Dieser Fallkonstellation sehr ähnlich ist der Fall des als Arbeitnehmer freizügigkeitsberechtigten Unionsbürgers, der seine Arbeit verliert und ein schulpflichtiges Kind hat, welches auch tatsächlich eine Schule besucht. Auch in diesem Fall haben das Kind und seine sorgeberechtigten Elternteile ein Aufenthaltsrecht bis zum Abschluss der Ausbildung des Kindes. Dies beinhaltet auch die Erstausbildung. Rechtsgrundlage dafür ist – anders als in dem Fall zuvor – nicht das Freizügigkeitsgesetz. Hier ergibt sich das Aufenthaltsrecht aus Art. 10 der VO (EU) 492/2011.

Diese Verordnung ist nur für Arbeitnehmer anwendbar und stellt bei Erfüllung der Voraussetzungen ein Aufenthaltsrecht der betroffenen Personen bis zum Abschluss der Schulausbildung sicher. Hier ist die Erstausbildung inbegriffen. Bis 2017 war höchst strittig, ob dieses Aufenthaltsrecht auch einen Sozialleistungsanspruch nach sich zieht. Deshalb hat der Gesetzgeben zur Klarstellung im Jahr 2017 dieses Aufenthaltsrecht gem. Art. 10 VO (EU) 492/2011 als Ausschlussgrund in den § 7 Abs. 2 Satz 2 SGB II und § 23 Abs. 3 SGB XII formuliert. Folglich wurden diese Fallkonstellation konsequent von Leistungen nach dem SGB II und SGB XII ausgeschlossen.

Im Oktober 2020 hat der EuGH diese Ausschlussregelung dann aber als europarechtswidrig eingestuft. Zum 01.01.2021 hat der Gesetzgeber deshalb aufgrund des Urteils des EuGH vom 06.10.2020 (Az. C-181/19) den Ausschlussgrund wegen eines Aufenthaltsrechtes nach Art. 10 der VO (EU) 492/2011, der in § 7 Abs. 1 Satz 2 Nr. 2 Buchst. b) SGB II normiert war, gestrichen. Das fortwirkende Aufenthaltsrecht von Unionsbürgern aufgrund des Schulbesuches eines Kindes führt seither also zu einem Sozialleistungsanspruch und begründet keinen Leistungsausschluss mehr (siehe auch BSG, Urt. v. 03.12.2015 – B 4 AS 43/15 R; BSG, Urt. v. 27.01.2021 – B 14 AS 42/19 R und B 14 AS 25/20 R).

Es handelt sich um ein zeitlich begrenztes Recht. Dieses endet für das Kind nach Abschluss oder Abbruch der Schule, Berufsausbildung oder des Studiums. Für die Eltern endet das Recht, wenn das Kind nicht mehr der Anwesenheit und Fürsorge des Elternteils bedarf, um seine Ausbildung fortzusetzen und abzuschließen. In der Regel ist dies mit dem Eintritt der Volljährigkeit gegeben.

nach dem SGB II und SGB XII ausgeschlossen. Nachdem der EuGH dies im Oktober 2020 als europarechtswidrig einstufte, hat der Gesetzgeber den Ausschluss wieder gestrichen. Seither sind diese schulbesuchenden Kinder und deren Familien leistungsberechtigt in beiden Rechtskreisen.

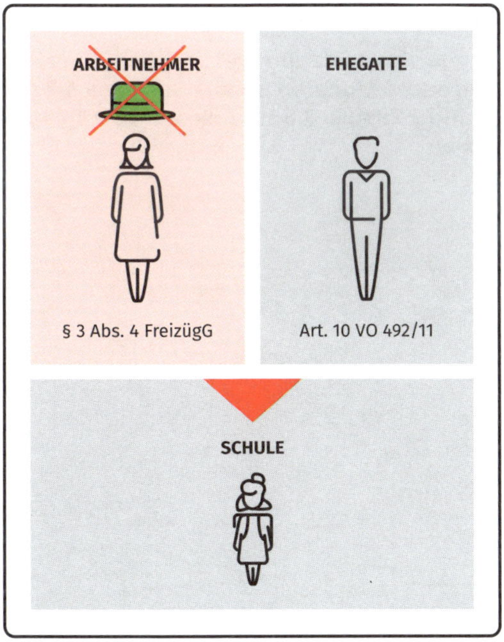

Abb. 8: Schulbesuchende Kinder eines ehemaligen Arbeitnehmers

Prüfungsreihenfolge zum Anspruch wegen Recht auf Bildung:

1. Besucht das Kind auch aktuell noch die Schule?

   (ggf. Schulbescheinigung über die tatsächliche Teilnahme am Unterricht anfordern)

2. Hatte ein Elternteil einen Arbeitnehmerstatus inne, als das Kind bereits zur Schule ging?

   (genaue Prüfung, ob Arbeitnehmerstatus vorlag)

3. Übt der Elternteil die elterliche Sorge tatsächlich aus (max. bis zum 18. Lebensjahr)?

Zusammenfassung:

Ein EU-Bürger ist leistungsberechtigt nach dem SGB II und SGB XII, wenn er über materielle Freizügigkeit verfügt und nicht von Leistungen ausgeschlossen ist.

Materiell freizügigkeitsberechtigt ist ein EU-Bürger, wenn er über einen Freizügigkeitszweck gemäß § 2 Abs. 2 FreizügG/EU verfügt.

Dies sind insbesondere die erwerbstätigen Unionsbürger, unabhängig davon, ob es sich um Arbeitnehmer oder Selbstständige handelt, Unionsbürger die gearbeitet haben und unfreiwillig ihre Arbeit verloren haben, Familienangehörige, Daueraufenthaltsberechtigte, aber auch Arbeitsuchende.

Arbeitsuchende sind trotz der Freizügigkeit, die sie über einen Zeitraum von sechs Monaten innehaben, nach § 7 Abs. 1 Satz 2 Nr. 2 SGB II und § 23 Abs. 3 Satz 1 Nr. 2 SGB XII von Leistungen ausgeschlossen.

V. Bürgergeld – Anspruch und Ausschluss von Ausländern auf Leistungen nach dem SGB II

Ausländer haben einen Anspruch auf Leistungen nach dem SGB II, wenn sie die vier Leistungsvoraussetzungen nach § 7 Abs. 1 Satz 1 SGB II erfüllen und nicht von Leistungen ausgeschlossen sind. Die Regelungen über den Leistungsausschluss für Ausländer und ihre Familienangehörigen sind durch Gesetz vom 22.12.2016 (BGBl. I S. 3155) neu gefasst worden. Mit ihnen reagierte der Gesetzgeber auf die Unionsbürger-Urteile des BSG, in denen der Leistungsausschluss für erwerbsfähige Unionsbürger nach dem SGB II als mit Verfassungs- und EU-Recht vereinbar angesehen, indes für diese Ansprüche nach dem SGB XII bejaht wurden (BSG, Urt. v. 03.12.2015 – B 4 AS 43/15 R, B 4 AS 44/15 R; bestätigt in BSG, Urt. v. 30.08.2017 – B 14 AS 31/16 R).

Leistungsberechtigt im SGB II sind Personen, die das 15. Lebensjahr vollendet und die Altersgrenze nach § 7a noch nicht erreicht haben, erwerbsfähig sind, hilfebedürftig sind und ihren gewöhnlichen Aufenthalt in der Bundesrepublik Deutschland haben.

1. Ausschlusstatbestände

Die Ausschlusstatbestände in § 7 Abs. 1 Satz 2 SGB II lassen bereits dem Wortlaut nach ahnen, dass die Regelungen sich hauptsächlich auf Unionsbürger beziehen, auch wenn in den Regelungen von »Ausländern« im Allgemeinen gesprochen wird. Dies ist auch tatsächlich so, denn diese Regelungen fanden ihren Weg ins Gesetz, weil Unionsbürger aufgrund der für sie geltenden Freizügigkeit sehr viel einfacher Aufenthalts- und Folgerechte geltend machen können, als die übrigen Ausländergruppen.

Die Ausschlusstatbestände orientieren sich bei genauerer Betrachtung sehr stark an den Aufenthaltszwecken der Ausländer und insbesondere der Unionsbürger. Um prüfen zu können, ob ein Ausländer, insbesondere Unionsbürger, einen Leistungsanspruch hat oder aber ein Leistungsausschluss greift, ist es deshalb insbesondere erforderlich, sich der Systematik der Freizügigkeit zu widmen und die verschiedenen Gründe der Freizügigkeit zu (er)kennen (siehe hierzu Freizügigkeitsberechtigungen Unionsbürger).

Die Ausschlusstatbestände orientieren sich sehr stark an den Aufenthaltszwecken der Ausländer und insbesondere der Unionsbürger.

Ausgeschlossen von Leistungen sind nach § 7 Abs. 1 Satz 2 SGB II:

1. Ausländer in den ersten drei Monaten ihres Aufenthalts. Es sei denn, es handelt sich bei der Person um einen Arbeitnehmer, einen Selbstständigen oder einen Unionsbürger, dessen Status sich aus dem Erhalt der Erwerbstätigeneigenschaft ergibt (vgl. § 2 Abs. 3 FreizügG/EU).

Grundsätzlicher Ausschluss in den ersten drei Monaten nach der Einreise, es sei denn es wird oder wurde gearbeitet.

Nach Ablauf der ersten drei Monate Ausschluss nur noch für diejenigen, die kein Aufenthaltsrecht haben oder sich zur Arbeitsuche oder Ausbildungssuche in Deutschland aufhalten.

2. Ausländer, die kein Aufenthaltsrecht haben oder deren Aufenthaltsrecht sich allein aus dem Zweck der Arbeitsuche der Ausbildungs- oder Studienplatzsuche oder aus einer Aufenthaltserlaubnis nach § 20a des Aufenthaltsgesetzes ergibt, und ihre Familienangehörige (vgl. § 2 Abs. 1 Satz 1 Nr. 1a FreizügG/EU).
3. Leistungsberechtigte nach § 1 des Asylbewerberleistungsgesetzes.

Ausgeschlossen sind auch alle Leistungsberechtigten nach § 1 AsylbLG.

Satz 2 Nr. 1 gilt nicht für Ausländerinnen und Ausländer, die sich mit einem Aufenthaltstitel nach Kapitel 2 Abschnitt 5 des Aufenthaltsgesetzes in der Bundesrepublik Deutschland aufhalten.

Für die Entscheidung, ob ein Unionsbürger Anspruch auf SGB II-Leistungen hat, ist es also entscheidend, den Aufenthaltszweck zu ermitteln! Denn ein Leistungsausschluss greift nach den ersten drei Monaten nur, wenn kein Aufenthaltsrecht besteht oder der Aufenthaltszweck ausschließlich zum Zwecke der Arbeitssuche vorliegt.

2. Rückausnahmen vom Leistungsausschluss

Nach § 7 Abs. 1 Satz 3 SGB II gilt Satz 2 Nr. 1 nicht für Ausländerinnen und Ausländer, die sich mit einem Aufenthaltstitel nach Kapitel 2 Abschnitt 5 des AufenthG in der Bundesrepublik Deutschland aufhalten.

Kein Ausschluss in den ersten drei Monaten für Ausländer mit humanitären Aufenthaltsgründen.

In Kapitel 2 Abschnitt 5 des AufenthG finden sich unter den §§ 22–26 die völkerrechtlichen, humanitären und politischen Aufenthaltsgründe. Ein Ausländer, der ein Aufenthaltsrecht dieser Art innehat, ist von der Ausschlussregelung für den Zeitraum der ersten drei Monate nach seiner Einreise in die Bundesrepublik Deutschland nicht betroffen. Hier besteht stets und sofort ein Leistungsanspruch.

Der Ausschluss von Leistungen gemäß § 7 Abs. 1 Satz 2 Nr. 1 SGB II findet auch keine Anwendung auf Unionsbürgerinnen und Unionsbürger, die eine Aufenthaltserlaubnis aus humanitären Gründen nach § 25 Abs. 4a AufenthG besitzen, weil sie Opfer von Straftaten gemäß den §§ 232 bis 233a des Strafgesetzbuches (Menschenhandel und Förderung des Menschenhandels) geworden sind. Diese Personen sind gemäß § 7 Abs. 1 Satz 3 SGB II in den ersten drei Monaten ihres Aufenthalts vom Leistungsausschluss ausgenommen. Das im FreizügG/EU enthaltene Schlechterstellungsverbot gewährleistet, dass das Aufenthaltsgesetz auch für Unionsbürgerinnen und Unionsbürger

Anwendung findet, wenn es eine günstigere Rechtsstellung bietet als das FreizügG/EU.

Nach § 7 Abs. 1 Satz 4 SGB II erhalten abweichend von den Leistungsausschlüssen nach Nr. 1 und 2 Ausländer und ihre Familienangehörigen Leistungen nach dem SGB II, wenn sie seit mindestens fünf Jahren ohne wesentliche Unterbrechung ihren gewöhnlichen Aufenthalt im Bundesgebiet haben. Es sei denn, der Verlust des Freizügigkeitsrechts nach § 2 Abs. 1 FreizügG/EU wurde festgestellt.

Kein Ausschluss von Ausländern, die seit mindestens fünf Jahren ohne wesentliche Unterbrechung ihren gewöhnlichen Aufenthalt in Deutschland haben.

Die Regelung greift den Gedanken des BSG zum Vorliegen eines verfestigten Aufenthalts auf (vgl. BSG, Urt. v. 03.12.2015 – B 4 AS 43/15 R). Hier ist es wichtig zu erkennen, dass dieser 5-Jahreszeitraum nicht mit dem 5-Jahreszeitraum für die Erlangung eines Daueraufenthaltsrechtes von Unionsbürgern zu verwechseln ist. Dies sind zwei verschiedene Dinge. Während das Daueraufenthaltsrecht eines Unionsbürgers erst nach fünf Jahren ständig rechtmäßigen Aufenthaltes in der Bundesrepublik erlangt wird und somit das stärkste Aufenthaltsrecht eines Unionsbürgers darstellt, handelt es sich hier um eine rein sozialrechtliche Regelung, die gerade nicht an die Rechtmäßigkeit des Aufenthaltes anknüpft und keinerlei aufenthaltsrechtliche Komponenten aufweist. Der Gesetzgeber knüpft den Beginn der 5-Jahresfrist an die Anmeldung bei der zuständigen Meldebehörde. Die Rechtsprechung vertritt mittlerweile deutlich die Auffassung, dass für den geforderten Zeitraum aber keine durchgehende Wohnsitzanmeldung von fünf Jahren für den Leistungsanspruch erforderlich ist. Erforderlich ist lediglich ein fünfjähriger gewöhnlicher Aufenthalt im Bundesgebiet, der auch anderweitig glaubhaft gemacht werden kann, etwa durch Zeugenaussagen, eidesstattliche Versicherung, Unterlagen etc. (LSG Niedersachsen-Bremen, Beschl. v. 25.11.2021 – L 8 SO 207/21 B ER; mittlerweile auch BSG, Urt. v. 20.09.2023 – B 4 AS 8/22 R; BSG, Urt. v. 11.09.2024 – B 4 AS 12/23 R).

5-Jahreszeitraum erfordert keine durchgängige Anmeldung bei Meldebehörde. Der gewöhnliche Aufenthalt von fünf Jahren kann auch anderweitig glaubhaft gemacht werden.

Der Anspruch besteht nur, solange die Ausländerbehörde nicht formal feststellt, dass ein Aufenthaltsrecht nicht besteht. Zu beachten ist deshalb **dringend die Meldepflicht des Jobcenters** gem. § 87 Abs. 2 AufenthG und § 11 Abs. 1 Satz 1 FreizügG/EU an die Ausländerbehörde bei Bewilligung von SGB II-Leistungen nach § 7 Abs. 1 Satz 4 SGB II.

Der Anspruch besteht nur, solange die Ausländerbehörde nicht formal feststellt, dass ein Aufenthaltsrecht nicht besteht.

Bei einer derartigen Bewilligung sind die Jobcenter auf eine Rückmeldung der Ausländerbehörde bezüglich der bestehenden oder der (viel wahrscheinlicher) nicht bestehenden Freizügigkeit angewiesen. Stellt die Ausländerbehörde formal fest, dass eine Freizügigkeit in dem betroffenen Fall nicht vorliegt, so

Ausländerbehörde informieren!

kann das Jobcenter seine Bewilligung ab diesem Zeitpunkt aufheben. Denn damit wäre der Ausschlussgrund des fehlenden Aufenthaltsrechtes nach § 7 Abs. 2 Satz 2 Nr. 2 SGB II erfüllt.

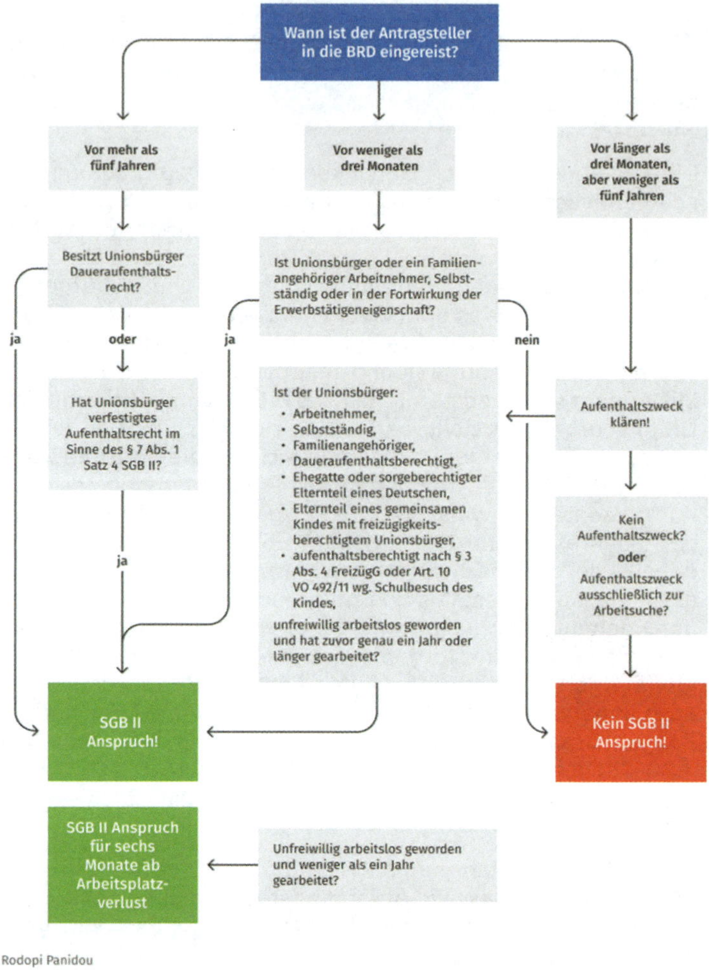

Abb. 9: Flussdiagramm zur Prüfung Unionsbürger im SGB II

VI. Sozialhilfe – Anspruch auf Leistungen nach dem SGB XII für Ausländer

Die zentrale Rechtsgrundlage für die Gewährung von Sozialhilfe an Ausländer ist § 23 SGB XII. Grundvoraussetzung für Sozialhilfe an Ausländer ist, dass sie sich tatsächlich im Inland aufhalten (§ 23 Abs. 1 Satz 1 SGB XII).

Ausländer, die tatsächlich in Deutschland sind, haben zumindest einen eingeschränkten Anspruch auf Leistungen nach dem SGB XII.

Des Weiteren regelt § 23 SGB XII sehr differenziert, unter welchen Voraussetzungen ein Ausländer Leistungen der Sozialhilfe in Anspruch nehmen kann oder von solchen Leistungen ausgeschlossen ist. Maßgeblich hängt die Entscheidung über einen Anspruch auf Sozialhilfe für einen Ausländer von seinem aufenthaltsrechtlichen Status ab, also ob er z.B. EU-Ausländer, Asylbewerber etc. ist.

Für den tatsächlichen Aufenthalt im Inland genügt die rein physische Anwesenheit in Deutschland. Auf das Bestehen eines Aufenthaltstitels nach dem Aufenthaltsgesetz oder eines anderen Aufenthaltsrechts kommt es nicht an.

1. Leistungen der Sozialhilfe für Ausländer

Bezogen auf den jeweiligen aufenthaltsrechtlichen Status ergeben sich folgende Leistungsberechtigungen bzw. Leistungsausschlüsse:

1. Leistungsberechtigte nach § 1 AsylbLG, also insbesondere **Asylbewerber**, sind von Leistungen der Sozialhilfe ausgeschlossen (§ 23 Abs. 2 SGB XII). Möglich sind indes nach einer Aufenthaltsdauer von 36 Monaten sog. Analogleistungen nach dem SGB XII aufgrund von § 2 AsylbLG.
2. Ausländer, die
   - im Besitz einer Niederlassungserlaubnis sind oder
   - im Besitz eines befristeten Aufenthaltstitels und sich voraussichtlich dauerhaft in Deutschland aufhalten

   haben Anspruch auf Sozialhilfe wie deutsche Staatsangehörige. Dies folgt aus § 23 Abs. 1 Satz 4 SGB XII, nach dem die Einschränkungen des § 23 Abs. 1 Satz 1 SGB XII für sie nicht gelten. Der Grund hierfür ist ihr rechtmäßiger sowie dauerhafter oder zumindest längerfristiger Aufenthalt in Deutschland, der typischerweise mit einem Wohnsitz oder zumindest gewöhnlichen Aufenthalt in Deutschland einhergeht.

Drittstaatler mit Niederlassungserlaubnis oder befristetem Aufenthaltstitel, mit dem man sich voraussichtlich dauerhaft in Deutschland aufhält, sind uneingeschränkt leistungsberechtigt nach dem SGB XII.

Uneingeschränkt leistungsberechtigt sind auch die EFA-Staatler, solange sie sich rechtmäßig in Deutschland aufhalten.

Ausländer ohne zuvor genannte Aufenthaltsrechte haben Anspruch auf Hilfe zum Lebensunterhalt, bei Krankheit, Schwangerschaft und Mutterschaft sowie zur Pflege nach dem SGB XII. Leistungen nach dem 8. und 9. Kapitel können nur im Einzelfall im Rahmen einer Ermessensentscheidung erbracht werden.

Leistungen nach dem 4. Kapitel SGB XII bekommen Ausländer unter denselben Voraussetzungen wie Inländer. Hier hat der Gesetzgeber sich auf den Prüfungspunkt des gewöhnlichen Aufenthaltes in Deutschland beschränkt.

Der gewöhnliche Aufenthalt ist der Ort, an dem jemand nicht nur vorübergehend seinen Lebensmittelpunkt einnimmt.

– Dies gilt auch für die Staatsangehörigen von Mitgliedstaaten des EFA, die sich rechtmäßig in Deutschland aufhalten, weil das EFA eine Rechtsvorschrift im Sinne des § 23 Abs. 1 Satz 5 SGB XII ist, die eine Gleichbehandlung mit Inländern bewirken soll.

3. Ausländer, die die zuvor genannten Voraussetzungen nicht erfüllen, haben nur Anspruch auf Hilfe zum Lebensunterhalt, bei Krankheit, Schwangerschaft und Mutterschaft sowie zur Pflege nach dem SGB XII; weitere Leistungen können erbracht werden, soweit dies im Einzelfall gerechtfertigt ist (§ 23 Abs. 1 Satz 1, 3 SGB XII). Das Sozialamt hat also Ermessen.

2. Leistungen der Grundsicherung im Alter und bei Erwerbsminderung

Dass die Vorschriften des 4. Kapitels SGB XII unberührt bleiben (so § 23 Abs. 1 Satz 2 SGB XII), bedeutet nur, dass die genannten Ausländer auch Anspruch auf diese Leistungen haben können, wenn sie deren Voraussetzungen erfüllen, also insbesondere einen gewöhnlichen Aufenthalt (§ 41 Abs. 1 SGB XII) und nicht bloß einen tatsächlichen in Deutschland haben.

Diesen hat jemand unabhängig von der Staatsangehörigkeit dort, wo er sich unter Umständen aufhält, die erkennen lassen, dass er an diesem Ort oder in diesem Gebiet nicht nur vorübergehend verweilt (§ 30 Abs. 3 Satz 2 SGB I). Der gewöhnliche Aufenthalt wird also durch ein tatsächliches längeres und nicht nur vorübergehendes Verweilen begründet und zwar dort, wo der Schwerpunkt der sozialen Kontakte, der sog. Daseinsmittelpunkt zu suchen ist, insbesondere in familiärer und beruflicher Hinsicht. Entscheidende Kriterien hierfür sind die Dauer und Beständigkeit des Aufenthaltes, was objektiv anhand der tatsächlichen Verhältnisse zu ermitteln ist. Die Beurteilung hat auch in einer Vorausschau zu erfolgen, wobei ein bisheriger längerer Aufenthalt ein Indiz für den gewöhnlichen Aufenthalt sein kann.

Liegen Umstände in den persönlichen Verhältnissen vor, die erkennen lassen, dass der Wohnort nicht den Lebensmittelpunkt darstellt, wird dort kein gewöhnlicher Aufenthalt begründet. In erster Linie ist für die Begründung des gewöhnlichen Aufenthaltes der Wille der leistungsberechtigten Person maßgebend, einen bestimmten Ort zum Mittelpunkt ihrer Lebensbeziehungen zu machen. Nach der Rechtsprechung ist dabei nicht der rechtsgeschäftliche Wille, sondern der tatsächlich zum Ausdruck kommende Wille entscheidend. Bezüglich der Umstände, die ein nicht nur vorübergehendes Verweilen erkennen lassen, ist kein dauerhafter oder längerer Aufenthalt erforderlich – wobei ein bisheriger längerer Aufenthalt ein Indiz für einen gewöhnlichen Aufenthalt ist –, sondern es genügt, dass die oder der Betreffende sich an einem Ort oder Gebiet »bis auf weiteres« im Sinne eines zukunftsoffenen Verbleibs aufhält und dort den Mittelpunkt seiner Lebensverhältnisse hat (BSG, Urt. v. 08.03.2023 – B 7 AS 7/22 R, Rn. 18).

Der gewöhnliche Aufenthalt nach der obigen Definition ist nicht per se gleichbedeutend mit einem rechtmäßigen Aufenthalt. Bei der Frage nach dem Leistungsanspruch eines Ausländers muss, über die Prüfung des gewöhnlichen Aufenthaltes hinaus, die Rechtmäßigkeit des Aufenthalts bzw. der zugrunde liegende Aufenthaltsstatus geprüft werden.

Der gewöhnliche Aufenthalt ist nicht immer auch verbunden mit einem rechtmäßigen Aufenthalt!

Dies bedeutet, dass auch bei rechtswidrigem Aufenthalt Leistungen nach dem 4. Kapitel des SGB XII zu leisten sind, da als Leistungsvoraussetzung hierfür lediglich der gewöhnliche Aufenthalt verlangt wird und § 23 Abs. 3 Satz 4 SGB XII ausdrücklich keine weiteren aufenthaltsrechtlichen Voraussetzungen an die Inanspruchnahme knüpft.

Dies kann bei Unionsbürgern und Gleichgestellten zu Problemen führen: Denn diese können ihren gewöhnlichen Aufenthalt in der Bundesrepublik auch einnehmen, wenn sie sich nicht auf ein materiell rechtliches Aufenthaltsrecht oder die Freizügigkeitsberechtigung nach dem FreizügG/EU berufen können. Denn bis zur formalen Feststellung der Ausländerbehörde über das Nichtbestehen einer Freizügigkeit nach § 2 Abs. 7, § 5 Abs. 4, § 6 FreizügG/EU kann ein Unionsbürger durchaus seinen Lebensmittelpunkt problemlos in Deutschland begründen. Mangelt es also an der Feststellung über das Nichtbestehen eines Aufenthalts- und Freizügigkeitsrechts, so ist der Unionsbürger erstmal auch anspruchsberechtigt nach dem SGB XII.

Seit 2016 sind die Ausschlusstatbestände in § 23 Abs. 3 SGB XII wortgleich mit den Ausschlusstatbeständen im SGB II für ausländische Antragstellende formuliert.

Die Ausschlusstatbestände in § 23 Abs. 3 SGB XII sind seit 2016 wortgleich mit den Ausschlusstatbeständen im SGB II für ausländische Antragstellende formuliert.

Grundsätzlicher Ausschluss in den ersten drei Monaten nach der Einreise, es sei denn es wird oder wurde gearbeitet.

Ausgeschlossen von Leistungen sind nach § 23 Abs. 3 Satz 1 SGB XII

1. Ausländer in den ersten drei Monaten ihres Aufenthalts. Es sei denn, es handelt sich bei der Person um einen Arbeitnehmer, einen Selbstständigen oder einen Unionsbürger, dessen Status sich aus dem Erhalt der Erwerbstätigeneigenschaft ergibt (vgl. § 2 Abs. 3 FreizügG/EU);

Nach Ablauf der ersten drei Monate Ausschluss nur noch für diejenigen, die kein Aufenthaltsrecht haben oder sich zur Arbeitsuche oder Ausbildungssuche in Deutschland aufhalten.

2. Ausländer, die kein Aufenthaltsrecht haben oder deren Aufenthaltsrecht sich allein aus dem Zweck der Arbeitsuche, der Ausbildungs- oder Studienplatzsuche oder aus einer Aufenthaltserlaubnis nach § 20a AufenthG ergibt oder
3. Ausländer, die eingereist sind, um Sozialhilfe zu erlangen (vgl. § 2 Abs. 1 Satz 1 Nr. 1a FreizügG/EU).

Damit der letztgenannte Ausschluss greift, muss der begehrte Sozialhilfebezug aber den Schwerpunkt der Einreise darstellen.

Ausgeschlossen sind auch diejenigen Ausländer, die eingereist sind, um Sozialhilfe zu erlangen.

3. Verstetigter Aufenthalt

Nach § 23 Abs. 3 Satz 7 SGB XII erhalten abweichend von den Leistungsausschlüssen nach Nr. 2 und 3 Ausländer und ihre Familienangehörigen Leistungen nach § 23 Abs. 1 Satz 1, 2 SGB XII, wenn sie sich seit mindestens fünf Jahren ohne wesentliche Unterbrechung im Bundesgebiet aufhalten. Es sei denn, der Verlust des Freizügigkeitsrechts nach § 2 Abs. 1 FreizügG/EU wurde festgestellt.

Kein Ausschluss von Ausländern, die seit mindestens fünf Jahren ohne wesentliche Unterbrechung ihren gewöhnlichen Aufenthalt in Deutschland haben.

Die Regelung greift den Gedanken des BSG zum Vorliegen eines verfestigten Aufenthalts auf (vgl. BSG, Urt. v. 03.12.2015 – B 4 AS 43/15 R). In solch einem Fall würden auch dann Leistungen nach dem SGB XII gezahlt werden, obwohl ggf. kein rechtmäßiger Aufenthalt vorliegt.

Ausländerbehörde informieren!

Wichtig: Gleichzeitig mit der Bewilligung müsste aber gem. § 87 Abs. 2 AufenthG, § 11 FreizügG/EU die Ausländerbehörde informiert werden, die eine Prüfung des Freizügigkeitsrechts einzuleiten hat. Ab dem Zeitpunkt der Feststellung des Nichtbestehens der Freizügigkeit entfällt dann der Anspruch auf Leistungen.

4. Europäisches Fürsorgeabkommen

Das Europäische Fürsorgeabkommen (EFA) vom 11.12.1953 (BGBl. 1956 S. 564) ist seit der Erklärung eines Vorbehalts durch die Bundesregierung der Bundesrepublik Deutschland bezüglich der Leistungen nach dem SGB II am 19.12.2011 für das SGB II nicht mehr anspruchsbegründend.

Die Ausschlussgründe des § 7 Abs. 1 Satz 2 Nr. 1 und 2 SGB II gelten seitdem auch für Staatsangehörige der Vertragsstaaten des EFA, zu denen Belgien, Dänemark, Estland, Frankreich, Griechenland, Irland, Island, Italien, Luxemburg, Malta, die Niederlande, Norwegen, Portugal, Schweden, Spanien, die Türkei sowie das Vereinigte Königreich Großbritannien und Nordirland gehören.

Das Urteil des BSG vom 19.10.2010 (Az. B 14 AS 23/10 R) findet daher in diesem Zusammenhang keine Anwendung mehr. Die Wirksamkeit des Vorbehalts der Bundesregierung wurde durch das BSG in seinem Urteil vom 03.12.2015 (Az. B 4 AS 43/15 R) bestätigt.

Für die SGB XII-Leistungen hingegen ist das Europäische Fürsorgeabkommen nach wie vor anwendbar. Das bedeutet, dass die Unterzeichnerstaaten im Falle einer Hilfebedürftigkeit von Fürsorgeleistungen im jeweils anderen Staat von diesem genauso behandelt werden wie die Inländer.

Die Unterzeichnerstaaten des EFA behandeln die Staatsbürger der anderen im Falle einer Hilfebedürftigkeit von Fürsorgeleistungen im jeweils anderen Staat genauso wie ihre Inländer.

Voraussetzung hierfür ist aber, dass sich die Betroffenen rechtmäßig im jeweiligen Unterzeichnerstaat aufhalten.

Letztlich bleibt bei genauerer Betrachtung nur der arbeitsuchende EFA-Staatler für eine Anwendung dieser Regelung übrig. Arbeitsuchende Unionsbürger sind für die Zeit der Arbeitsuche rechtmäßig in Deutschland, wären aber eigentlich ausgeschlossen von Leistungen sowohl nach dem SGB II als auch nach dem SGB XII.

Als EFA-Staatler hingegen profitieren sie von § 23 Abs. 1 Satz 5 SGB XII und sind für die sechs Monate, in denen sie sich rechtmäßig in Deutschland aufhalten, leistungsberechtigt nach dem SGB XII.

Selbiges gilt für österreichische Staatsangehörige wegen des Deutsch-Österreichischen Fürsorgeabkommens (DÖFA) und für Heimatlose aufgrund der §§ 1 und 19 des Gesetzes über Rechtsstellung heimatloser Ausländer (HAuslG).

5. Flussdiagramm Anspruch und Ausschluss von Ausländern im SGB XII

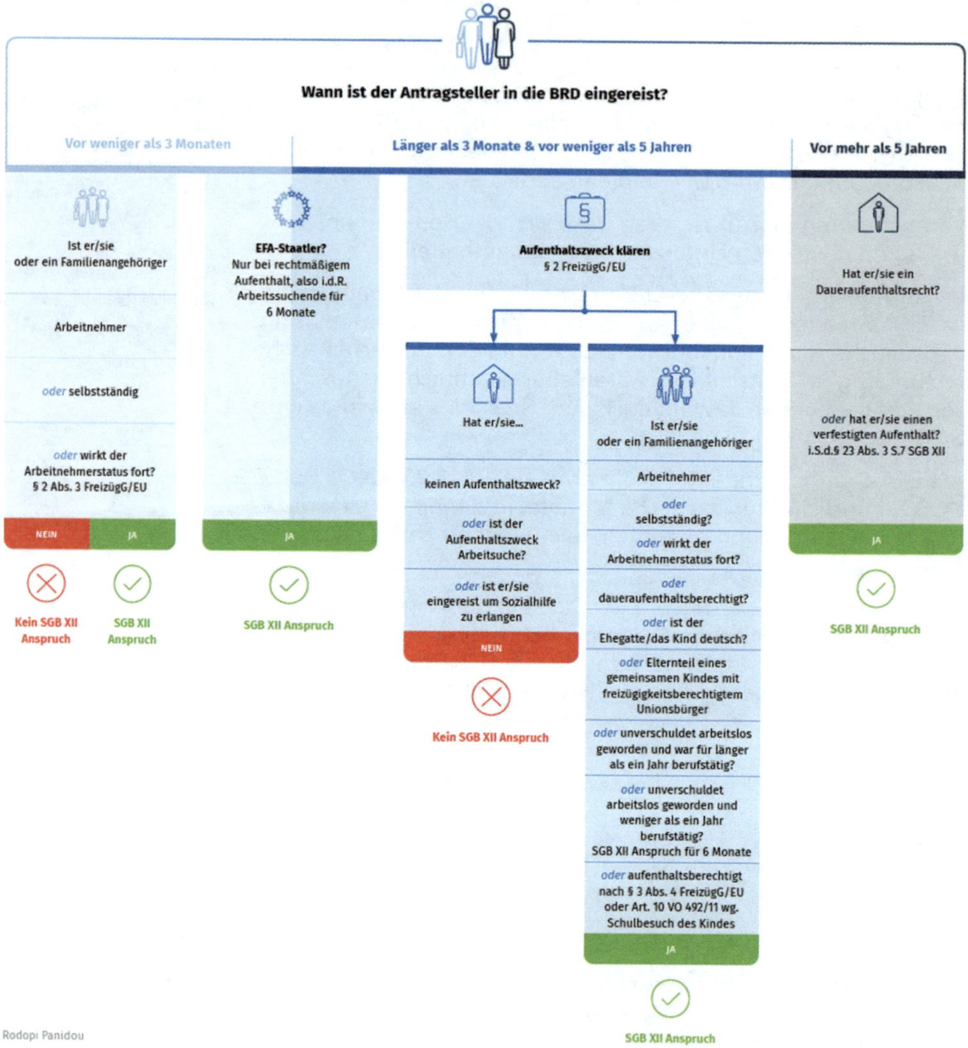

Abb. 10: Anspruch und Ausschluss von Ausländern im SGB XII

6. Überbrückungsleistungen

Anspruch auf Überbrückungsleistungen haben Ausländer, die von Leistungen nach § 23 Abs. 3 Satz 1 SGB XII ausgeschlossen sind (§ 23 Abs. 3 Satz 3 ff. SGB XII). Von Personen, die grundsätzlich erwerbsfähig sind, sollte sichergestellt werden, dass das zuständige Jobcenter geprüft hat, ob ein Status vorliegt, der Leistungen nach dem SGB II zulässt.

Überbrückungsleistungen bekommen Ausländer, die ausgeschlossen von Leistungen nach dem SGB II oder SGB XII sind.

Da die Leistungen längstens für den Zeitraum von einem Monat und im gesamten Bundesgebiet nur einmal innerhalb von zwei Jahren gewährt werden können, ist darauf zu achten, ob die Zweijahresfrist, beginnend mit dem letzten Erhalt einer Überbrückungsleistung durch einen Sozialhilfeträger im Bundesgebiet, abgelaufen ist. Dies kann z.B. anhand der bisherigen, auswärtigen Meldedaten und ggf. Rückfragen bei den dort zuständigen Sozialhilfeträgern erfolgen.

Die Leistungen sind eingeschränkt nach Dauer und Inhalt.

Soweit dies im Einzelfall besondere Umstände erfordern, werden Leistungsberechtigten nach Satz 3 zur Überwindung einer besonderen Härte andere Leistungen im Sinne von Abs. 1 gewährt; ebenso sind Leistungen über einen Zeitraum von einem Monat hinaus zu erbringen, soweit dies im Einzelfall auf Grund besonderer Umstände zur Überwindung einer besonderen Härte und zur Deckung einer zeitlich befristeten Bedarfslage geboten ist.

Durch die Härtefallregelung in § 23 Abs. 3 Satz 5, 1. Halbsatz SGB XII können in Einzelfällen innerhalb der Leistungsfrist von einem Monat auch Leistungen gewährt werden, die über die Deckung der Bedarfe für Ernährung, Körper- und Gesundheitspflege sowie der Kosten der Unterkunft und Heizung hinaus gehen. So können z.B. Leistungen zur Deckung des Bedarfs an Kleidung gewährt werden, soweit dies im Einzelfall zur Überwindung einer besonderen Härte erforderlich ist.

Durch die Härtefallregelung können Leistungen in Einzelfällen deutlich über das gesetzlich vorgesehene Maß hinaus gewährt werden.

Daneben können gem. § 23 Abs. 3 Satz 5, 2. Halbsatz SGB XII auch Leistungen für Bedarfe gewährt werden, die bei Vorliegen besonderer Umstände dadurch entstehen, dass eine Ausreise binnen eines Monats nicht möglich oder zumutbar ist. Dabei soll die Leistungsgewährung im Einzelfall für einen begrenzten Zeitraum unzumutbare Härten vermeiden, keinesfalls soll ein dauerhafter Leistungsbezug durch diese Härtefallregelung ermöglicht werden. Besondere Umstände könnte z.B. eine amtsärztlich festgestellte Reiseunfähigkeit sein.

Die aktuelle Entscheidungspraxis der LSG zu Überbrückungsleistungen ist sehr unterschiedlich, zumal eine Entscheidung des BSG zu den Überbrückungsleistungen noch nicht vorliegt.

Die Rechtsprechung zu Überbrückungsleistungen ist sehr uneinheitlich.

Die Positionen reichen von einerseits:

Überbrückungsleistungen bejahend

- LSG Hessen, Urt. v. 01.07.2020 – L 4 SO 120/18, Rn. 74: § 23 Abs. 3 Satz 5 und 6 SGB XII sind dahingehend verfassungskonform auszulegen, dass die Härtefallregelung jeden während des tatsächlichen Aufenthalts entstehenden Bedarfsfall der Leistungen nach dem dritten und fünften Kapitel erfassen muss. Auch bei nicht befristeten besonderen Bedarfslagen und damit für die tatsächliche Dauer des Aufenthalts im Bundesgebiet sind existenzsichernde Sozialleistungen zu gewähren. Werden darüber hinaus andere Bedarfe als die nach § 23 Abs. 3 Satz 5 SGB XII typisierend vorgesehenen geltend gemacht und liegen sie tatsächlich vor, sind auch diese in verfassungskonformer Auslegung des § 23 Abs. 3 Satz 6 SGB XII für die Zeit des tatsächlichen Aufenthalts längstens bis zur vollziehbaren Ausreisepflicht zu decken.
- Ähnlich: LSG Berlin-Brandenburg, Urt. v. 11.07.2019 – L 15 SO 181/18, Rn. 63: Unionsbürger ohne objektiv bestehendes materielles Aufenthaltsrecht haben – bei verfassungskonformer Auslegung der Vorschrift – solange Anspruch auf Leistungen zur Sicherung des Lebensunterhalts nach § 23 Abs. 3 Satz 6, 2. Halbsatz SGB XII in der ab 29.12.2016 geltenden Fassung (Überbrückungsleistungen), wie die Ausländerbehörde gegen sie keine bestandskräftige und weiterhin wirksame Ausweisungsverfügung erlassen hat, die mit einem Einreise- und Aufenthaltsverbot verknüpft ist (die am BSG hiergegen anhängige Revision unter dem Az. B 8 SO 7/19 R wurde durch Vergleich erledigt).
- Das LSG Nordrhein-Westfalen neigt wohl dieser Position zu, wenn es ausführt: Scheiden zumutbare Selbsthilfemöglichkeiten aus, so liegt, solange das Existenzminimum nicht anderweitig abgedeckt ist, eine besondere Härte im Sinne des § 23 Abs. 3 Satz 6 SGB XII vor, welche Leistungen nach § 23 Abs. 1 SGB XII für einen längeren Zeitraum erfordert (LSG Nordrhein-Westfalen, Beschl. v. 30.05.2019 – L 20 AY 15/19 B, Rn. 52).

bis andererseits

Überbrückungsleistungen verneinend

- LSG Baden-Württemberg, Urt. v. 07.11.2019 – L 7 SO 934/19 ER-B: Das Grundrecht auf Gewährleistung eines menschenwürdigen Existenzminimums steht einem vollständigen Leistungsausschluss, der darauf beruht, dass der Antragsteller seine Hilfebedürftigkeit zumutbar verhindern bzw. beseitigen kann, nicht entgegen (Anschluss an BVerfG, Urt. v. 05.11.2019 – 1 BvL 7/16). Der Leistungsausschluss gem. § 23 Abs. 3 Satz 1 Nr. 2 SGB XII für Personen, die kein Aufenthaltsrecht haben oder deren Aufenthaltsrecht sich allein aus dem Zweck der Arbeitsuche ergibt und die die Hilfebedürftigkeit im Inland durch Rückkehr in ihr Heimatland verhindern bzw. beseitigen können, ist daher verfassungsgemäß (Rn. 38). Die Härtefallregelung des § 23 Abs. 3 Satz 6 SGB XII setzt das Vorliegen der Voraussetzungen für Überbrückungsleistungen nach § 23 Abs. 3 Satz 3 SGB XII voraus (Rn. 48).

- Die Gewährung von Überbrückungsleistungen nach § 23 Abs. 3 Satz 3 bis 6 SGB XII setzt eine Ausreisebereitschaft des Hilfebedürftigen voraus (Rn. 49). Die Anwendung der Regelungen bzgl. der Überbrückungs- und Härtefallleistungen nach § 23 Abs. 3 Satz 3 bis 6 SGB XII darf nicht dazu führen, den Leistungsausschluss nach § 23 Abs. 3 Satz 1 SGB XII leerlaufen zu lassen (Rn. 50).

7. Reisekosten

Rückreisekosten ins Heimatland können in Form eines Darlehens gewährt werden.

Auf Antrag können die angemessenen Kosten für die Rückreise (ins Heimatland) darlehensweise gewährt werden (§ 23 Abs. 3a SGB XII); hier gilt nicht die Beschränkung auf nur eine Bewilligung innerhalb von zwei Jahren. Zur Ermittlung der angemessenen Reisekosten wird in der Regel auf die Ticketpreise für eine Zugverbindung 2. Klasse oder alternativ für eine Fahrkarte mit dem Fernbus in eine Großstadt des Ziellandes abgestellt. Bei Ausländern, deren Rückreiseland nicht in Europa liegt, werden die Kosten für einen Flug gewährt.

Regelmäßig nur Reisekosten für eine Reise zu dem Wohnort (in Deutschland), an dem ein Ausländer seinen Wohnsitz zu nehmen hat, sind dann zu erbringen, wenn ein Ausländer sich entgegen einer räumlichen Beschränkung im Bundesgebiet aufhält oder seinen Wohnsitz entgegen einer Wohnsitzauflage oder einer Wohnsitzregelung nach § 12a AufenthG wählt (§ 23 Abs. 5 SGB XII). Ausnahmen bestehen nur zum Schutz von Ehe und Familie nach Art. 6 GG oder aus vergleichbar wichtigen Gründen (§ 23 Abs. 5 Satz 6 SGB XII).

VII. Kooperation mit der Ausländerbehörde

1. Anfragen der Ausländerbehörde

Die Übermittlung von Sozialdaten an Ausländerbehörden auf Anfrage der Ausländerbehörde oder der Sozialleistungsbehörde richtet sich nach den §§ 67 ff. SGB X und ist speziell in § 71 Abs. 2 SGB X geregelt. Die Übermittlungsbefugnis kann sowohl Unionsbürger als auch Drittstaatsangehörige betreffen.

Datenaustausch zwischen Ausländerbehörden und Sozialleistungsbehörden ist über die §§ 67 ff. SGB X und § 71 Abs. 2 SGB X gedeckt.

Auf Anfrage der Ausländerbehörden dürfen die Jobcenter und Sozialämter in Einzelfällen Auskünfte über den Leistungsbezug von Ausländern erteilen, wenn diese Informationen für die Entscheidung über den Aufenthalt des Ausländers oder eines Familienangehörigen relevant sind. Dazu zählen Daten über die Gewährung oder Nichtgewährung von Leistungen sowie Informationen über frühere und bestehende Versicherungen. Beispielsweise wird eine Niederlassungserlaubnis nur erteilt, wenn der Ausländer in der Lage ist, seinen Lebensunterhalt sowie den seiner im Haushalt lebenden Familienmitglieder zu sichern. Eine Aufenthaltserlaubnis zum Familiennachzug kann gemäß § 27 Abs. 3 AufenthG versagt werden, wenn der Ausländer, zu dem der Zuzug stattfinden soll, auf Leistungen nach dem SGB II angewiesen ist.

2. Mitteilungspflicht der Sozialleistungsbehörden

Nach § 87 Abs. 2 AufenthG sind die Jobcenter und Sozialämter verpflichtet, die Ausländerbehörde zu informieren,

Nach § 87 Abs. 2 AufenthG sind die Sozialleistungsbehörden verpflichtet, die Ausländerbehörde zu informieren, wenn Ausländer unter bestimmten Bedingungen Leistungen nach dem SGB II oder SGB XII beantragen oder in Anspruch nehmen.

- wenn Ausländer Leistungen nach dem SGB II beantragen oder in Anspruch nehmen und dabei kein Aufenthaltsrecht haben oder
- sie ein Aufenthaltsrecht ausschließlich zum Zweck der Arbeitsuche, der Ausbildungs- oder Studienplatzsuche oder aus einer Aufenthaltserlaubnis nach § 20a AufenthG besitzen oder
- sie eine Aufenthaltserlaubnis nach Kapitel 2 Abschnitt 3 (Aufenthalt zum Zwecke der Ausbildung) oder Abschnitt 4 (Aufenthalt zum Zweck der Erwerbstätigkeit) des AufenthG besitzen.

Die Unterrichtungspflicht gilt auch in Fällen, in denen Leistungen nach fünfjährigem gewöhnlichem (nicht notwendigerweise rechtmäßigem) Aufenthalt gemäß § 7 Abs. 1 Satz 4 SGB II beantragt werden. Eine Übermittlung von Sozialdaten ist in diesem Zusammenhang nach § 71 Abs. 2 Nr. 2 SGB X zulässig.

Die Datenübermittlung in den genannten Fällen hat bei Vorliegen der Voraussetzungen des § 87 Abs. 2 AufenthG mit jeder Beantragung oder Inanspruchnahme von Leistungen nach dem SGB II zu erfolgen. Es handelt sich hierbei um eine Pflicht, sodass dem Jobcenter kein Entscheidungsspielraum hinsichtlich der Datenübermittlung zusteht. Die Datenübermittlung hat unverzüglich zu erfolgen, um der Unterrichtungspflicht nach dem AufenthG nachzukommen.

Um die Zusammenarbeit mit der Ausländerbehörde bezüglich des Ablaufes zu regeln und zu vereinheitlichen, ist es sehr zu empfehlen eine Kooperationsvereinbarung oder ähnliches zwischen Sozialleistungsbehörde und Ausländerbehörde zu formulieren.

Dies erleichtert die jeweilige Erreichbarkeit und Zusammenarbeit erheblich.

Leistungsbeziehende mit Schutzstatus (Asylberechtigte, Flüchtlinge im Sinne der Genfer Flüchtlingskonvention oder Personen mit subsidiärem Schutz), die in ihr Herkunftsland reisen (Heimataufenthalt), sind dem Bundesamt für Migration und Flüchtlinge (BAMF) zu melden (§ 8 Abs. 1c AsylG i.V.m. § 71 Abs. 2 Satz 1 Nr. 6 SGB X).

Unter Umständen ergibt sich nach einer Prüfung durch das BAMF, dass die Ausländerbehörde einen Aufenthaltstitel widerruft.

VIII. Übungsfälle

Übungsfall 1:

Herr K., eingereist am 01.02.2021, bulgarischer Staatsbürger, spricht am 01.03.2025 erstmals vor und begehrt Leistungen nach dem SGB II.

Sein letztes Beschäftigungsverhältnis endete aus betrieblichen Gründen am 28.02.2025 und dauerte zehn Monate.

Davor übte er ein weiteres Beschäftigungsverhältnis vom 01.07.2023 bis 31.12.2023 aus, gab dies aber freiwillig auf.

Vom 01.02.2022 bis 30.04.2022 hatte er ein befristetes Arbeitsverhältnis.

Frage: Hat Herr K. einen Anspruch auf Leistungen nach dem SGB II?

Lösung:

Die Prüfung beginnt immer zum Zeitpunkt der Einreise.

Sodann ist zu empfehlen sich eine Übersicht über alle Arbeitsverhältnisse zu erstellen und sich die Art der Beendigung der Verhältnisse genauer anzuschauen.

Vorliegend hat Herr K. zunächst drei Monate von Februar bis April 2022 gearbeitet (grüner Hut) und diese Arbeit unfreiwillig verloren (grüner Hut mit gelben Punkten).

Danach hat er von Juli bis Dezember 2023 gearbeitet (grüner Hut), seine Tätigkeit aber selbstverschuldet aufgegeben (roter Hut).

Letztlich kam noch ein Arbeitsverhältnis von Mai 2024 bis Februar 2025 von insgesamt zehn Monaten zustande, welches Herr K. wiederum unfreiwillig beendete.

Da nur das erste und dritte Arbeitsverhältnis unfreiwillig beendet wurde, können auch nur diese beiden Arbeitsverhältnisse ggf. zusammengerechnet werden, um den Erhalt der Erwerbstätigeneigenschaft nach § 2 Abs. 3 Satz 1 Nr. 2 FreizügG/EU in unbegrenzter Zeitvariante herzustellen.

Laut BSG dürfen hierfür Arbeitsverhältnisse zusammengerechnet werden, wenn zwischen den einzelnen Arbeitsverhältnissen die Lücken nicht größer als sechs Monate sind (BSG, Urt. v. 09.03.2022 – B 7/14 AS 79/20 R).

Dies ist vorliegend nicht gegeben. Die Lücke zwischen dem ersten Arbeitsverhältnis und dem dritten Arbeitsverhältnis betrifft einen Zeitraum von über zwei Jahren.

Eine Addition ist somit nicht möglich, so dass für die Prüfung der aktuellen Freizügigkeit nur noch das letzte Arbeitsverhältnis eine Rolle spielen kann.

Dieses Arbeitsverhältnis bestand für einen Zeitraum von zehn Monaten. Da dies weniger als ein Jahr ist, folgt daraus zwar der Status des Erhaltes der Erwerbstätigeneigenschaft, allerdings nur für einen Zeitraum von sechs Monaten ab Arbeitsplatzverlust (§ 2 Abs. 3 Satz 2 FreizügG/EU).

Für diesen Zeitraum hat Herr K. einen Anspruch auf Leistungen nach dem SGB II.

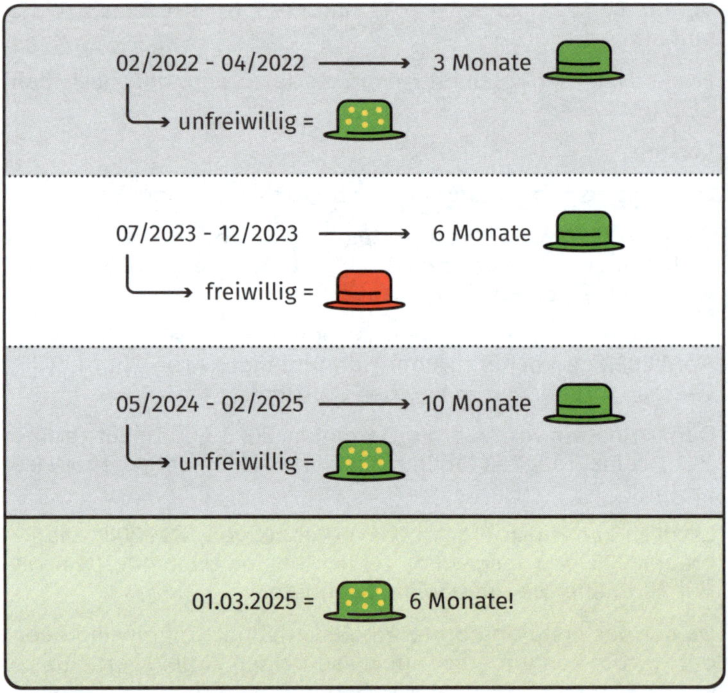

Abb. 11: Fallskizze Übungsfall 1

Übungsfall 2:

Frau A., polnische Staatsbürgerin, beendet wegen fehlender Auftragslage ihre Selbstständigkeit. Über die letzten zwölf Monate betrachtet, erzielte sie einen monatlichen Durchschnittsgewinn in Höhe von 200,00 €.

Frage: Hat Frau A. einen Anspruch auf Leistungen nach dem SGB II?

Lösung:

Bei Betrachtung dieses Falles ergeben sich zwei größere Fragestellungen.

Zum einen stellt sich die Frage, ob Frau A. mit der von ihr selbstständig ausgeführten Tätigkeit auch den Status einer Selbstständigen im Sinne des FreizügG/EU erfüllt.

Hier stellt die Höhe des erwirtschafteten Gewinns ein Problem dar.

Frau A. hat durchschnittlich nur 200 € Gewinn über den ganzen Zeitraum ihrer Tätigkeit erzielt.

Dies ist nicht ausreichend, um den Status einer Selbstständigen zu erfüllen.

Neben den allgemeinen Kriterien einer Selbstständigkeit, die zu erfüllen sind, kommt hinzu, dass die Tätigkeit nicht nur tatsächlich und echt, sondern auch nicht völlig untergeordnet oder unwesentlich sein darf.

Die Tätigkeit ist dann nicht völlig untergeordnet und unwesentlich, wenn mindestens fünf bis sechs Stunden Arbeit in der Woche in die selbstständige Tätigkeit investiert werden und dabei ein Gewinn von mindestens 280 € im Monat erzielt wird.

Dies ist vorliegend nicht der Fall. Hier kann also ein Erhalt des Status Selbstständig nicht erwogen werden, weil der Status im freizügigkeitsrechtlichen Sinne nicht bestand.

Unter der Annahme, die 200 € reichten aus, um die Selbstständigkeit im Sinne des § 2 Abs. 2 Nr. 2 FreizügG/EU zu realisieren, ergäbe sich eine weitere Problematik:

Es würde sich die Frage stellen, ob die Beendigung der Selbstständigkeit wegen fehlender Auftragslage als freiwillige oder unfreiwillige Arbeitsaufgabe zu werten ist.

Die Begründung, die Auftragslage sei nicht mehr gut gewesen, reicht als Begründung schlicht nicht aus. Es ist wesentlicher Bestandteil der selbstständigen Tätigkeit, sich auch um die Akquise zu kümmern. Fallen also ein oder mehrere Auftraggeber weg, so hätte sich Frau A. um Ersatz bemühen müssen. Dies gilt es hier zu thematisieren und entsprechende Nachweise vorzulegen.

Ist diese Bemühung nicht erfolgt, kann von einer unfreiwilligen Arbeitsaufgabe keine Rede sein.

Der Status der Frau A. wäre mit der Arbeitsaufgabe die Arbeitsuche (roter Hut).

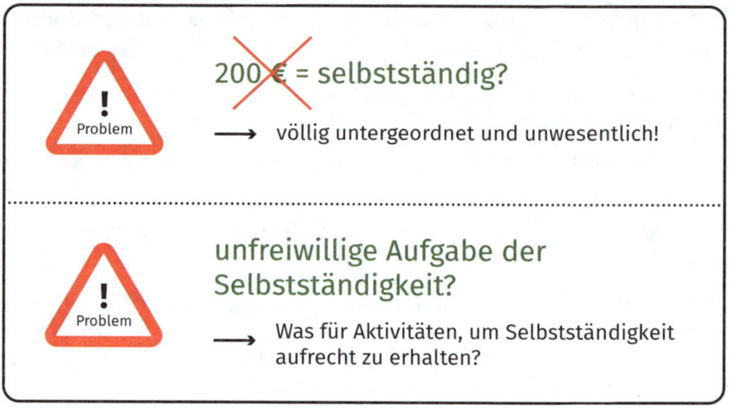

Abb. 12: Fallskizze Übungsfall 2

Übungsfall 3:

Herr S., griechischer Staatsbürger, lebt seit zwei Jahren in Deutschland und verdient monatlich 600,00 € brutto. Er erhält ergänzend Leistungen nach dem SGB II.

Am 01.02.2025 reist seine Ehefrau mit dem gemeinsamen minderjährigen Kind nach und beantragt am 05.02.2025 Leistungen nach dem SGB II.

Die Eheleute geben an, sich bereits am 01.03.2024 getrennt zu haben und sich nun scheiden lassen zu wollen.

Frage: Haben Ehefrau und Kind einen Anspruch auf Leistungen nach dem SGB II?

Lösung:

Herr S. ist Arbeitnehmer und trägt einen grünen Hut.

Seine Ehefrau und sein Kind sind gem. § 2 Abs. 2 Nr. 6 FreizügG/EU Familienangehörige des Herrn S. und tragen ebenfalls kleine grüne Hüte.

Als Familienangehörige eines Arbeitnehmers haben Ehefrau und Kind dieselben Rechte wie auch der Arbeitnehmer selbst.

Als Arbeitnehmer ist man stets ergänzend leistungsberechtigt im SGB II, selbst wenn man sich im ersten Dreimonatszeitraum nach der Einreise befindet.

In den ersten drei Monaten nach der Einreise sind alle Unionsbürger ausgeschlossen von Leistungen nach dem SGB II (§ 7 Abs. 1 Satz 2 Nr. 1 SGB II), es sei denn, in der Zeit ist man erwerbstätig oder war erwerbstätig. Dies gilt auch für die Familienangehörigen des Arbeitnehmers.

Somit ist es unschädlich, dass Ehefrau und Kind erst seit ein paar Tagen nach Deutschland eingereist sind. Sie haben direkt einen Anspruch auf SGB II Leistungen.

Ebenfalls unschädlich ist, dass die Eheleute angeben getrennt zu sein.

Solange die Ehe nicht geschieden ist, profitiert die Ehefrau noch von dem Arbeitnehmerstatus des Herrn S.

Auch nach der Scheidung wir die Ehefrau (wenn sie bis dahin keinen eigenständigen Freizügigkeitszweck hat) ein Aufenthaltsrecht bekommen, da sie ein gemeinsames Kind mit einem Arbeitnehmer hat.

Dieses Kind hat nach Art. 6 GG das Recht darauf, mit beiden Elternteilen aufzuwachsen. Daraus ergäbe sich ein Aufenthaltsrecht seiner Mutter.

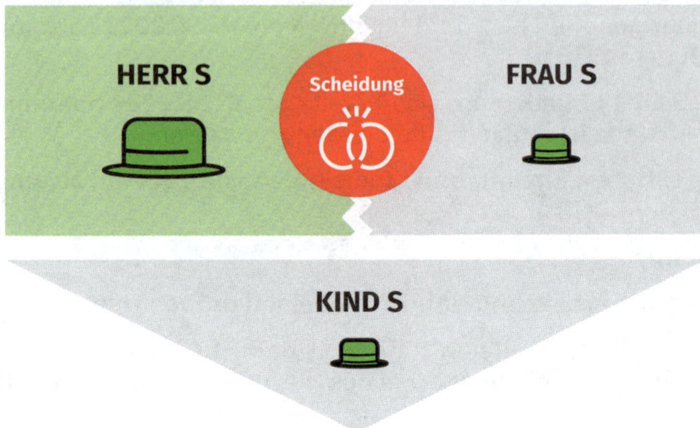

Trennung = irrelevant für Status
Scheidung = AufhR wegen gemeinsamen Kindes mit freizügigkeitsberechtigtem Unionsbürger

Abb. 13: Fallskizze Übungsfall 3

Übungsfall 4:

Herr A., polnischer Staatsbürger, lebt und arbeitet seit einem Jahr in Deutschland. Seine Lebensgefährtin, Frau B., zieht aus Polen zu ihm nach und beantragt kurz nach der Einreise am 15.02.2025 Leistungen nach dem SGB II.

Sie möchte in Deutschland arbeiten.

Frage: Hat Frau B. einen Anspruch auf Leistungen nach dem SGB II?

Lösung:

Herr A. und Frau B. sind nicht verheiratet. Frau B. kann deshalb kein Freizügigkeitsrecht als Familienangehörige eines Arbeitnehmers (§ 2 Abs. 2 Nr. 6 FreizügG/EU) für sich beanspruchen.

Frau B. benötigt ein eigenes Freizügigkeitsrecht. Nach eigenen Angaben sucht sie nach Arbeit. Sie ist demnach freizügigkeitsberechtigt als Arbeitsuchende nach § 2 Abs. 2 Nr. 1a FreizügG/EU (roter Hut).

Als Arbeitsuchende ist Frau B. gem. § 7 Abs. 1 Satz 2 Nr. 2 SGB II allerdings ausgeschlossen von Leistungen.

Sie könnte allenfalls noch dahingehend beraten werden, in der Ausländerstelle ein Aufenthaltsrecht nach § 3a FreizügG/EU als nahestehende Person des Herrn A. prüfen zu lassen.

Dies stellt eine Ermessensentscheidung der Ausländerbehörde dar und kann nicht von den Sozialleistungsbehörden geprüft oder einfach angenommen werden.

Liebe reicht nicht!
ASU = Ausschluss

↓

Aber an § 3a FreizG denken (Beratung)

Abb. 14: Fallskizze Übungsfall 4

Übungsfall 5:

Die spanische Staatsangehörige Frau V. wohnt und arbeitet seit zwei Jahren in Deutschland. Ihr Einkommen reicht gerade aus, um ihren eigenen Bedarf zu decken. Ihre 23-jährige Tochter Maria hat in Spanien ein nur kleines Einkommen in Höhe von 150 € erzielt und monatlich Unterstützung ihrer Mutter in Höhe von 50 € erhalten.

Maria reist am 20.01.2025 nach Deutschland ein und stellt am 01.02.2025 einen Antrag auf Leistungen nach dem SGB II. Bei der Antragstellung gibt sie an, sie sei arbeitsuchend.

Frage: Hat Maria einen Anspruch auf Leistungen nach dem SGB II?

Zusatzfrage: Was ändert sich, wenn Maria 20 Jahre alt ist?

Lösung:

Die Frage, die sich hier stellt, ist, ob Maria Freizügigkeit als Familienangehörige im Sinne des § 2 Abs. 2 Nr. 6 FreizügG/EU für sich beanspruchen kann, obwohl sie schon 23 Jahre alt ist.

Dies ginge nur, wenn ihre Mutter ihr für einen nicht nur vorübergehenden Zeitraum Unterhalt gezahlt hätte, während Maria noch in Spanien wohnte.

Diese Unterhaltszahlung muss sich als so wesentlich dargestellt haben, dass hierdurch zwischen Maria und ihrer Mutter ein sog. Abhängigkeitsverhältnis entstanden ist. Wenn das so ist, kann Maria nach Zuzug nach Deutschland von einem Freizügigkeitsrecht als Familienangehörige gem. § 2 Abs. 2 Nr. 6 FreizügG/EU profitieren.

Vorliegend hat Maria ein monatliches Einkommen von 150 € und erhält von ihrer Mutter weitere 50 € überwiesen.

Ob dies in einer Gesamtschau der finanziellen Lage von Maria als wesentlich betrachtet werden kann und ein Abhängigkeitsverhältnis zwischen Tochter und Mutter begründet, ist hier fraglich.

Will man hier ein Abhängigkeitsverhältnis bejahen, so wird aus Maria die Familienangehörige einer Arbeitnehmerin (kleiner grüner Hut). Dies würde einen Leistungsanspruch im SGB II nach sich ziehen, allerdings müsste Maria einen Antrag gemeinsam mit ihrer Mutter stellen, da sie nach den Regeln im SGB II aufgrund des Alters von Maria eine Bedarfsgemeinschaft bilden würden.

Da Maria in Spanien aber selbst Einkommen erzielt und die Zahlungen der Mutter nur einen kleinen Teil des Gesamtbetrages ausmacht, der Maria monatlich zur Verfügung steht, kann ein Abhängigkeitsverhältnis aber auch gut verneint werden.

Dies führt dazu, dass Maria bei Zuzug zu ihrer Mutter lediglich ein Freizügigkeitsrecht als Arbeitsuchende hat (roter Hut) und damit ausgeschlossen von Leistungen nach dem SGB II wäre.

Lösung Zusatzfrage:

Wenn Maria bei Einreise 20 Jahre alt ist, so ist sie unproblematisch Familienangehörige ihrer Mutter nach § 2 Abs. 2 Nr. 6 FreizügG/EU, da sie die Verwandte in absteigender Linie von Frau V. ist und unter 21 Jahre alt ist.

In dieser Konstellation bedarf es keiner weiteren Voraussetzungen die zusätzlich erfüllt werden müssten, um Familienangehörige einer Arbeitnehmerin zu sein.

Maria hätte deshalb einen Anspruch auf Leistungen nach dem SGB II.

Aufgrund der Regelungen im SGB II zur Bildung einer Bedarfsgemeinschaft würden Maria und ihre Mutter gemeinsam eine Bedarfsgemeinschaft bilden.

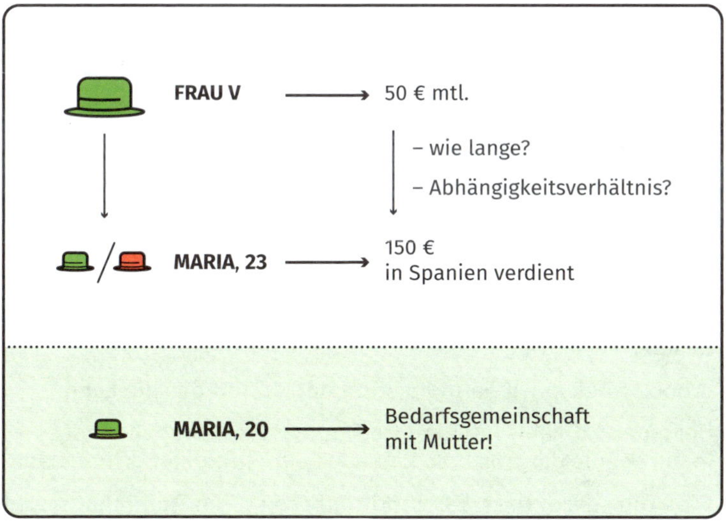

Abb. 15: Fallskizze Übungsfall 5

Übungsfall 6:

Die rumänische Staatsangehörige Frau I. lebt seit drei Jahren in der BRD.

Sie hat in Deutschland sechs Wochen als Reinigungskraft gearbeitet. Das Arbeitsverhältnis endete zum 01.10.2024. Am 01.03.2025 stellt sie einen Antrag auf Leistungen nach dem SGB II.

Frage: Besteht ein Anspruch auf Leistungen nach dem SGB II?

Zusatzfrage: Was ändert sich, wenn Frau I. ein 10-jähriges Kind hat?

Lösung:

Frau I. hat lediglich vom 15.08. bis 30.09.2024 in Deutschland gearbeitet.

Der Sachverhalt lässt nicht erkennen, ob dieses Arbeitsverhältnis freiwillig oder unfreiwillig beendet wurde.

Sollte dieses Arbeitsverhältnis freiwillig, also aus eigenen Stücken beendet worden sein, so ist Frau I. danach Arbeitsuchende im Sinne des § 2 Abs. 2 Nr. 1a FreizügG/EU und trägt einen roten Hut.

Ist das Arbeitsverhältnis unfreiwillig zu Ende gegangen, so greift aufgrund der nur kurzen Arbeitszeit von sechs Wochen, was deutlich unter einem Jahr ist, der Erhalt der Erwerbstätigeneigenschaft lediglich für einen Zeitraum von sechs Monaten ab Arbeitsplatzverlust gem. § 2 Abs. 3 Satz 2 FreizügG/EU.

Frau I. trägt also einen grünen Hut mit gelben Punkten für den Zeitraum vom 01.10.2024 bis 30.03.2025. In dieser Zeit hat sie einen Anspruch auf Leistungen nach dem SGB II.

Da Frau I. einen Antrag auf SGB II-Leistungen aber erst am 01.03.2025 stellt, kann sie nur noch für den Monat März 2025 Leistungen in Anspruch nehmen.

Lösung Zusatzfrage:

Wenn Frau I. ein 10-jähriges Kind hat, ändert das die Lage.

Bei einem 10-jährigen Kind darf man davon ausgehen, dass es in die Schule ging als Frau I. den Arbeitnehmerstatus inne hatte.

Dies führ dazu, dass das Kind und Frau I. ein Aufenthaltsrecht nach Art. 10 VO (EU) 492/2011 haben bis das Kind seine Schulausbildung beendet.

Dieses Aufenthaltsrecht führt für Mutter und Kind in einen SGB II-Leistungsanspruch.

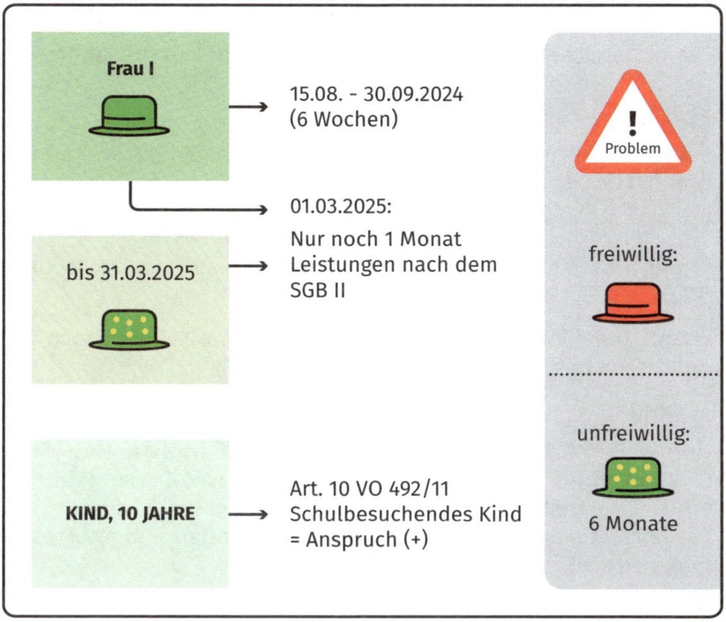

Abb. 16: Fallskizze Übungsfall 6

Übungsfall 7:

Die ungarische Staatsangehörige Frau L. lebt seit drei Jahren in der BRD. Sie hat hier noch nie gearbeitet.

Sie lebt mit dem rumänischen Staatsangehörigen Herr V., der seit zwei Jahren in der BRD lebt, in einer eheähnlichen Partnerschaft. Herr V. ist Arbeitnehmer.

Frau L. und Herr V. haben ein gemeinsames einjähriges Kind.

Frage: Hat Frau L. einen Anspruch auf Leistungen nach dem SGB II?

Zusatzfrage: Was ändert sich, wenn Herr V. ebenfalls noch nie gearbeitet hätte?

Lösung:

Herr V. ist Arbeitnehmer und trägt einen grünen Hut. Frau L. kann von ihm keine Freizügigkeit als Familienangehörige eines Arbeitnehmers ableiten, da die beiden nicht miteinander verheiratet sind. Sie hat auch sonst kein anderweitiges Freizügigkeitsrecht.

Sie haben allerdings ein gemeinsames einjähriges Kind.

Dieses Kind ist als Verwandter in gerader absteigender Linie Familienangehöriger des Herrn V. und trägt einen kleinen grünen Hut.

Das Kind hat nach Art. 6 GG einen geschützten Anspruch darauf, mit seinen beiden Elternteilen gleichsam aufzuwachsen. Die Mutter erhält daher ein Aufenthaltsrecht, welches sich aus dem AufenthG herleitet, im Sinne einer Aufenthaltserlaubnis aus besonderen (familiären) Gründen.

Damit ist die gesamte Familie leistungsberechtigt nach dem SGB II.

Lösung Zusatzfrage:

Bezüglich der Zusatzfrage ist festzustellen, dass es für die vorherige Konstruktion ganz wesentlich auf den Arbeitnehmerstatus des Herrn V. ankommt. Hat Herr V. kein Arbeitsverhältnis und liegt demnach keine Freizügigkeit als Arbeitnehmer vor, so kann weder das Kind noch im Anschluss die Mutter des Kindes Freizügigkeit oder ein Aufenthaltsrecht ableiten.

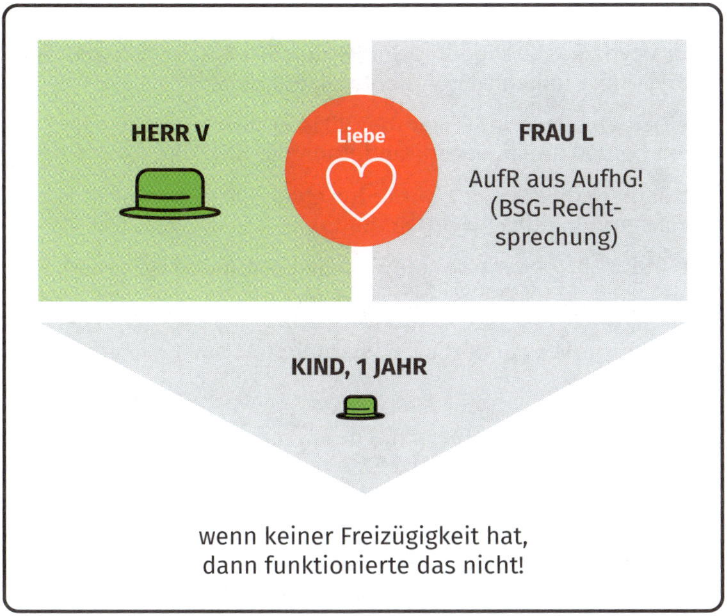

Abb. 17: Fallskizze Übungsfall 7

Übungsfall 8:

Herr Lavazza ist Italiener, seine Frau ist Türkin, besitzt aber eine unbefristete italienische Aufenthaltserlaubnis.

Die beiden reisen im Dezember 2024 erstmalig gemeinsam mit ihren beiden italienischen Kindern in die BRD ein.

Ab dem 15.01.2025 ist Frau L. für etwa 600 € monatlich sozialversicherungspflichtig beschäftigt.

Am 01.02.2025 beantragt die Familie Leistungen bei Ihnen.

Frage: Hat die Familie einen Anspruch auf SGB II-Leistungen?

Zusatzfrage: Was ändert sich, wenn Frau L. auch nicht arbeitet?

Lösung:

Unter Beachtung der Tatsache, dass die Ehegatten von Unionsbürgern wie Unionsbürger zu behandeln sind, handelt es sich bei Frau L. um eine Arbeitnehmerin mit grünem Hut.

Somit tragen ihr Ehegatte und ihre beiden Kinder kleine grüne Hüte und die gesamte Familie hat wegen des Arbeitnehmerstatus der Mutter einen Leistungsanspruch nach dem SGB II, selbst wenn sie sich im ersten Dreimonatszeitraum nach ihrer Einreise befinden.

Lösung Zusatzfrage:

Für den Fall, dass Frau L. keine Arbeit aufnimmt, profitiert die Familie davon, dass Frau L. über eine unbefristete italienische Aufenthaltserlaubnis verfügt.

Mit dieser unbefristeten Aufenthaltserlaubnis aus Italien bekommt sie und ihre Familienangehörigen eine Aufenthaltserlaubnis nach § 38a AufenthG.

Dieses Aufenthaltsrecht befähigt zu einem SGB II-Leistungsbezug.

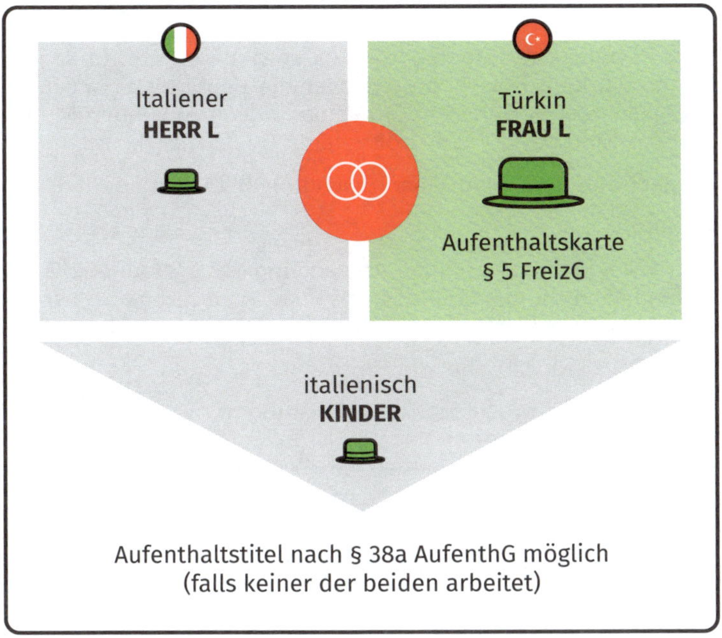

Abb. 18: Fallskizze Übungsfall 8

Übungsfall 9:

Herr P., polnischer Staatsbürger, ist sorgeberechtigt für seinen minderjährigen Enkelsohn, welcher die deutsche Staatsangehörigkeit besitzt. Seit dem Tod seiner alleinerziehenden Mutter lebt das Kind bei seinem Großvater in Deutschland.

Frage: Hat Herr P. einen Anspruch auf SGB II-Leistungen?

Lösung:

Herr P. hat in entsprechender Anwendung des § 36 AufenthG ein Aufenthaltsrecht aus Gründen des Familiennachzugs zu seinem deutschen Enkel zur Vermeidung einer außergewöhnlichen Härte.

Art. 6 GG schützt hierbei die Familie.

P. hat somit Anspruch auf SGB II-Leistungen.

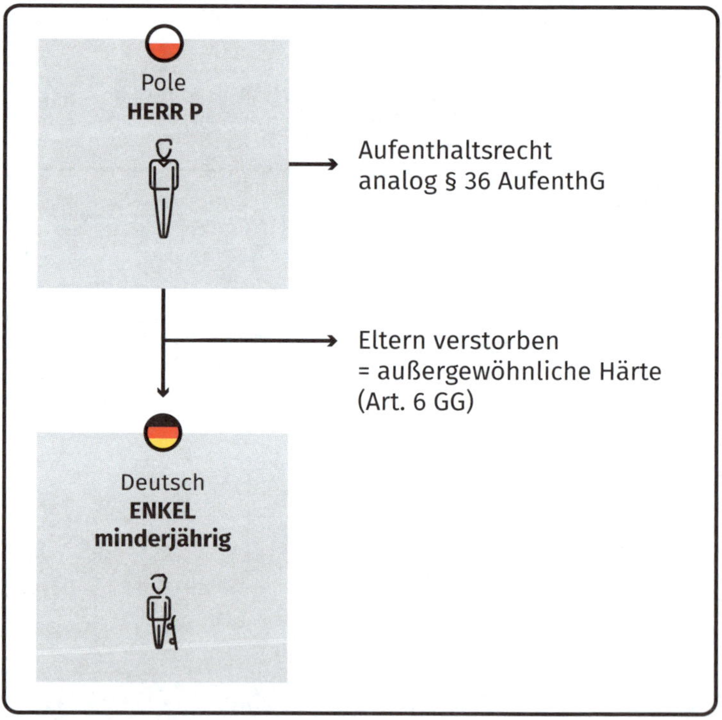

Abb. 19: Fallskizze Übungsfall 9

Übungsfall 10:

S. ist serbische Staatsangehörige und mit dem niederländischen Staatsbürger N. verheiratet.

Beide arbeiten in Deutschland und unterstützen die Mutter von S. (60 Jahre alt) lange in Serbien finanziell mit 250 € monatlich, da sie über kein eigenes Einkommen in Serbien verfügt.

Die Mutter reist letztlich nach Deutschland zu der Tochter und dem Schwiegersohn nach und wohnt bei diesen und wird auch von diesen verpflegt.

Frage: Hat die Mutter von S. ein Aufenthaltsrecht und einen Anspruch auf SGB II-Leistungen?

Lösung:

Die Mutter von S. hat einen Anspruch auf Leistungen nach dem SGB II, wenn sie als Familienangehörige ihrer Tochter gelten würde.

Dies ist der Fall, wenn die Tochter und ihr Mann der Mutter Unterhalt gezahlt haben, solange die Mutter noch in Serbien wohnte und hieraus ein Abhängigkeitsverhältnis entstanden wäre.

Dies ist hier der Fall. Die Mutter verfügt über kein eigenes Einkommen und lebt von den 250 €, die ihr die Tochter und der Schwiegersohn länger als nur vorübergehend haben zukommen lassen.

Das in diesen Fällen geforderte Abhängigkeitsverhältnis ist zweifellos entstanden.

Die Mutter wird nach dem Zuzug nach Deutschland auch weiter von der Tochter und dem Schwiegersohn unterhalten. Sie ist damit Familienangehörige eines Arbeitnehmers und trägt einen kleinen grünen Hut, da die Regelungen im Freizügigkeitsgesetz nicht nur für die eigenen Eltern, sondern auch für die Schwiegereltern gelten.

Die Mutter von S. hat damit auch einen SGB II-Anspruch.

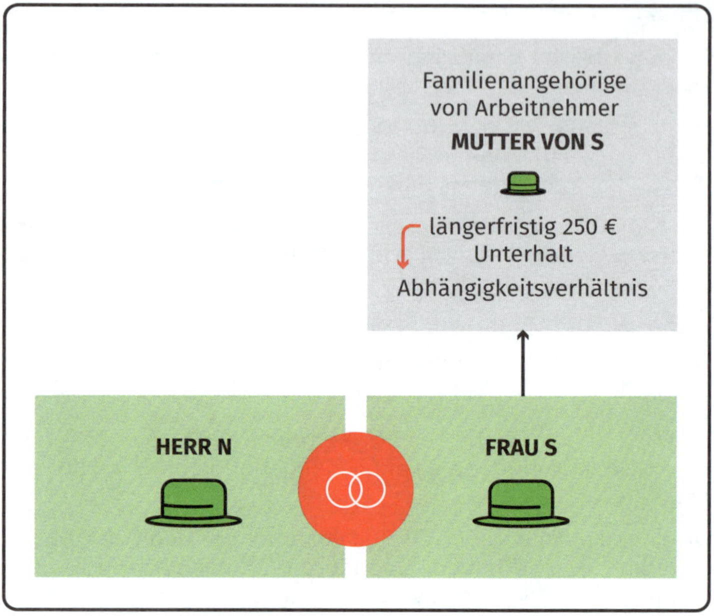

Abb. 20: Fallskizze Übungsfall 10

Übungsfall 11:

Die 22-jährige G. ist mit ihrem einjährigen Sohn aus Griechenland zu ihren Eltern nach Deutschland gezogen. Zuvor haben die Eltern, die in Deutschland arbeiten, ihr 200 € monatlich nach Griechenland überwiesen, da G. kein eigenes Einkommen erzielte.

Nach Zuzug von G. und ihrem Kind lassen die Eltern ihre Tochter und den Enkel kostenfrei bei sich wohnen und leisten Unterhalt im Rahmen von Betreuung und Pflege.

Frage: Haben Tochter und Enkel ein Freizügigkeitsrecht als Familienangehörige und einen Anspruch auf Leistungen nach dem SGB II?

Lösung:

Da die Eltern ihrer Tochter Unterhalt zahlten, während diese noch in Griechenland lebte und über kein eigenes Einkommen verfügte, ist zwischen den Eltern und der Tochter das von der Rechtsprechung geforderte Abhängigkeitsverhältnis entstanden.

Auch nach Zuzug der Tochter mit dem Sohn leisten ihre Eltern Unterhalt in Form der Unterkunft sowie der Betreuung und Pflege des Enkelkindes.

Hierdurch sind alle Voraussetzungen erfüllt, damit die bereits 22-jährige Tochter als Familienangehörige von Arbeitnehmern ein Freizügigkeitsrecht ableiten kann.

Ihr Sohn kann dies auch ohne die hier thematisierten Unterhaltszahlungen, da er ein Verwandter in gerader absteigender Linie unter 21 Jahren seiner Großeltern ist.

Tochter und Enkel tragen somit kleine grüne Hüte und sind als Familienangehörige von Arbeitnehmern leistungsberechtigt nach dem SGB II.

Da die Tochter und der kleine Sohn eine eigene Bedarfsgemeinschaft bilden, sind in diesem Fall auch nicht die Regelungen zur Bildung einer Bedarfsgemeinschaft bezüglich der Eltern bis zur Vollendung des 25. Lebensjahres zu beachten.

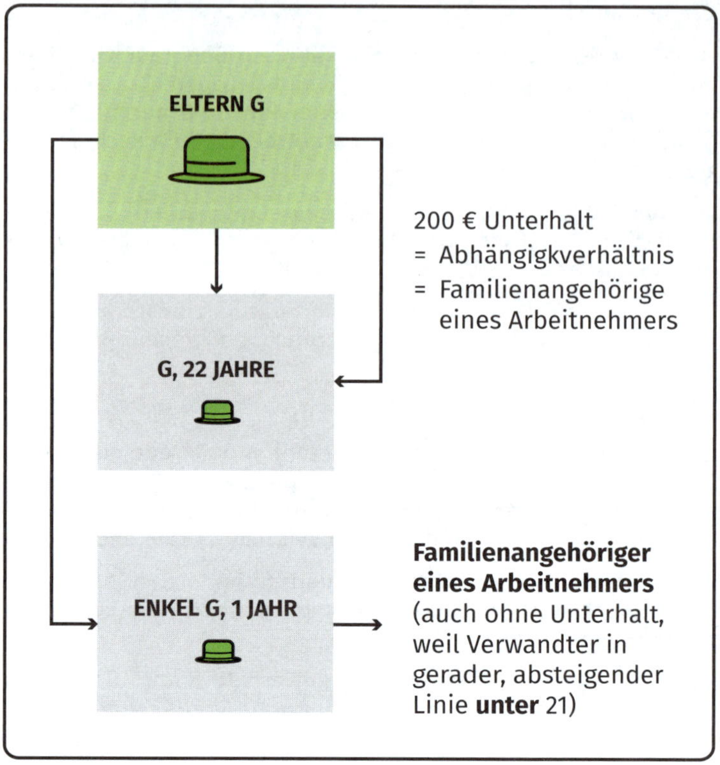

Abb. 21: Fallskizze Übungsfall 11

Übungsfall 12:

Der pflegebedürftige polnische Staatsangehörige P. reiste 2019 nach Deutschland ein, um von seinerTochter gepflegt zu werden.

Seit Mitte 2020 bezog er Leistungen zur Grundsicherung im Alter. Im Januar 2021 beschied die Ausländerbehörde den Verlust des Rechts auf Einreise und Aufenthalt im Bundesgebiet nach § 5 Abs. 4 FreizügG/EU.

Frage: Hat P. weiterhin einen Anspruch auf Leistungen nach dem SGB XII?

Lösung:

Unionsbürger, die sich weniger als fünf Jahre in Deutschland aufhalten und über keine Freizügigkeitsberechtigung nach § 2 Abs. 2 FreizügG/EU verfügen, können ihr Aufenthaltsrecht durch Feststellung des Verlustes ihrer Freizügigkeit verlieren. Zuständig für die Feststellung des Verlustes des Rechts auf Einreise und Aufenthalt sind die Ausländerbehörden.

Ist der Verlust der Freizügigkeit einmal formal festgestellt, besteht kein Anspruch mehr auf Leistungen nach dem SGB XII. Dies gilt auch für P.

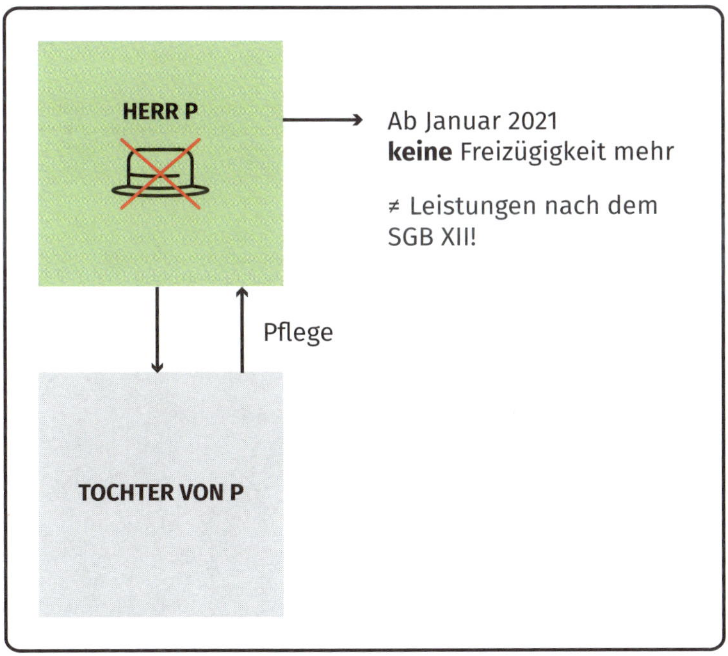

Abb. 22: Fallskizze Übungsfall 12